3

TEXT
ANGÌA SASSI PERINO
GIORGIO FARAGGIANA

HERAUSGEBER
VALERIA MANFERTO DE FABIANIS

MITHERAUSGEBER
GIADA FRANCIA

GESTALTUNG
CLARA ZANOTTI

ÜBERSETZUNG
KATHARINA SCHMIDT

INHALT

VORWORT	SEITE 10
EINLEITUNG	SEITE 12
GESCHICHTE	SEITE 14
■ Von der Antike bis zur Mitte des 18. Jahrhunderts	
DIE INDUSTRIELLE REVOLUTION	SEITE 24
■ Vom ausgehenden 18. bis zum Ende des 19. Jahrhunderts	SEITE 26
MENAI SUSPENSION BRIDGE • *Großbritannien*	SEITE 28
PONT DE LA CAILLE • *Frankreich*	SEITE 30
SZÉCHENYI-BRÜCKE • *Ungarn*	SEITE 32
BRITANNIA BRIDGE • *Großbritannien*	SEITE 34
EADS BRIDGE • *USA*	SEITE 36
BROOKLYN BRIDGE • *USA*	SEITE 38
GARABIT-VIADUKT • *Frankreich*	SEITE 48
TOWER BRIDGE • *Großbritannien*	SEITE 50
FORTH RAIL BRIDGE • *Großbritannien*	SEITE 56
PONT ALEXANDRE III • *Frankreich*	SEITE 62
DIE GEBURT DES STAHLBETONS	SEITE 66
■ Die erste Hälfte des 20. Jahrhunderts	SEITE 68
VICTORIA FALLS BRIDGE • *Simbabwe*	SEITE 70
SALGINATOBEL-BRÜCKE • *Schweiz*	SEITE 72
HARBOUR BRIDGE • *Australien*	SEITE 74
GOLDEN GATE BRIDGE • *USA*	SEITE 82
■ **VON 1950 BIS HEUTE**	SEITE 90
MARACAIBO-BRÜCKE • *Venezuela*	SEITE 92
VERRAZANO NARROWS BRIDGE • *USA*	SEITE 96
HUMBER BRIDGE • *Großbritannien*	SEITE 100
LUSITANIA-BRÜCKE • *Spanien*	SEITE 102
BARQUETA-BRÜCKE • *Spanien*	SEITE 104
PONT DE NORMANDIE • *Frankreich*	SEITE 108
DIE DREIERVERBINDUNGSBRÜCKEN HONSHU–SHIKOKU • *Japan*	SEITE 116
AKASHI-KAIKYO-BRÜCKE • *Japan*	SEITE 118
TATARA-BRÜCKE • *Japan*	SEITE 120
TSING-MA-BRÜCKE • *China*	SEITE 122
STOREBÆLT-BRÜCKE • *Dänemark*	SEITE 126
ØRESUND-BRÜCKE • *Dänemark-Schweden*	SEITE 132
PUENTE LÉREZ • *Spanien*	SEITE 136
ERASMUS-BRÜCKE • *Niederlande*	SEITE 140
PONTE VASCO DA GAMA • *Portugal*	SEITE 144
NEUE WEGE	SEITE 148
■ Technik und Ästhetik	SEITE 150
FUSSGÄNGERBRÜCKE HÖRN • *Deutschland*	SEITE 152
FUSSGÄNGERBRÜCKE SOLFERINO • *Frankreich*	SEITE 158
MILLENNIUM FOOTBRIDGE • *Großbritannien*	SEITE 162
GATESHEAD MILLENNIUM FOOTBRIDGE • *Großbritannien*	SEITE 166
FUSSGÄNGERBRÜCKE LA MUJER • *Argentinien*	SEITE 176

© 2004 White Star S.P.A.
Via Candido Sassone, 22-24, 13100 Vercelli - Italien
www.whitestar.it

Für die deutsche Ausgabe:
© 2006 White Star Verlag GmbH, Wiesbaden
www.whitestar-verlag.de

ISBN 3-939128-08-2
ISBN 978-3-939128-08-3

1 2 3 4 5 6   11 10 09 08 07 06

Alle Rechte vorbehalten. Kein Teil des Werkes darf in irgendeiner Form (durch Fotokopie, Mikrofilm oder ein ähnliches Verfahren) ohne die schriftliche Genehmigung des Verlages reproduziert oder unter Verwendung elektronischer Systeme, verarbeitet, vervielfältigt oder verbreitet werden. Edizioni White Star® ist ein eingetragenes Warenzeichen von White Star S.p.A.

Producing: AntiquaNova, Wiesbaden
Gedruckt in Korea
Lithographie: Chiaroscuro, Turin

1 ■ PONT DE NORMANDIE - Le Havre
2-3 ■ BROOKLYN BRIDGE - New York
4-5 ■ PONT DE NORMANDIE IN BAU - Le Havre
6-7 ■ TOWER BRIDGE IN BAU - London
9 ■ GOLDEN GATE BRIDGE - San Francisco
11 ■ HARTMAN BRIDGE - Houston

Vorwort

Als man uns vorschlug, ein Buch über Brücken in aller Welt zu schreiben, waren wir zunächst erstaunt. Das war ein sehr ehrgeiziges Unterfangen für uns Brücken-Liebhaber, aber natürlich reizte es uns. Als wir das Angebot erwogen, setzten wir zunächst voraus: Es konnte hier nicht darum gehen, ein Buch über alle Brücken dieser Welt zu schreiben, das Buch musste vielmehr von Brücken in aller Welt handeln. Dennoch blieb ein grundsätzliches Problem: Welche Brücken sollten wir für unser Buch auswählen? Die bedeutendsten? Die bekanntesten? Die gewagtesten? Die schönsten? Oder vielleicht die sonderbarsten?

Unsere Auswahl ist subjektiv, aber sie ist nicht willkürlich. Einige Kriterien haben den Weg gewiesen und die verlegerischen Bedürfnisse haben uns Grenzen gesetzt. So ist eine Anthologie von Brücken entstanden.

Bei der Auswahl leitete uns als wichtigstes Kriterium, dass wir dem Buch einen welthistorischen Charakter verleihen wollten, indem wir an geeigneten Beispielen den Entwicklungsprozess des Brückenbaus in verschiedenen Zeiten und auf allen Kontinenten darstellten. Genauer gesagt: das Buch ist den Brücken der letzten zwei Jahrhunderte gewidmet, unter besonderer Berücksichtigung der neuesten Brückenkonstruktionen.

Das Kapitel über historische Brücken kann nur ein kurzer Überblick über die Entwicklung von Bauweisen von der römischen Antike bis zur Mitte des 18. Jahrhunderts sein. Es ist aber unverzichtbar als Einleitung für das Verständnis der folgenden Kapitel.

Die nachfolgenden Einteilungen ergeben sich aus der Geschichte. Wichtige Ereignisse haben dem Brückenbau neue Möglichkeiten eröffnet: besonders das späte 18. Jahrhundert mit der Gründung der Ecole Politechnique, das frühe 20. Jahrhundert mit der Erfindung des Stahlbetons und die Zeit nach dem Zweiten Weltkrieg mit der Anwendung von vorgefertigten Teilen.

BRÜCKEN SIND SO ALT WIE DIE MENSCHHEIT …

BRÜCKEN SIND SO ALT WIE DIE MENSCHHEIT, VIELLEICHT SOGAR NOCH ÄLTER. EIN UMGEFALLENER BAUMSTAMM ÜBER EINEM BACH, EINE LIANE, DIE ZWEI GEGENÜBERLIEGENDE UFER VERBAND, GERÖLL, DAS EINEN WASSERLAUF SPERRTE, OHNE DEN DURCHFLUSS ZU VERHINDERN, ODER EIN BOGEN, DER DURCH EROSION AUSGEHÖHLT WORDEN WAR, SIND DIE ARCHETYPEN, WELCHE DIE NATUR SCHUF.

DER URMENSCH NUTZTE DIE NATÜRLICHEN ÜBERGÄNGE, DIE IHM DIE UMWELT GAB, DOCH ER GING WEITER. UM ZWEI UFER ZU VERBINDEN ODER EINE FURT ABZUSICHERN, FÄLLTE ER BÄUME ODER ER LEGTE EINEN FLACHEN STEIN ZWISCHEN GROSSE STEINE, DIE IM FLUSSBETT VERANKERT WAREN. DIES WAR EIN SIEG DES MENSCHLICHEN VERSTANDES ÜBER DIE HINDERNISSE DER NATUR. DAMIT BEGANN EINE LANGE AUSEINANDERSETZUNG; JEDE BRÜCKE IST DIE ANTWORT AUF EINE HERAUSFORDERUNG DER UMWELT.

ZU BESTIMMTEN ZEITEN GALT DER BAU EINER BRÜCKE SOGAR ALS BELEIDIGUNG DER OKKULTEN MÄCHTE. DIE RÄCHTEN SICH DANN, INDEM SIE DAS WERK DES MENSCHEN ZUNICHTE MACHTEN. ZAHLREICHE LEGENDEN ERZÄHLEN, WIE DER TEUFEL – MANCHMAL AUCH DER GEIST DES FLUSSES – NACHTS WIEDER ALLES ZERSTÖRTE, WAS AM TAGE AUFGEBAUT WORDEN WAR, UND WIE DIE BRÜCKE NUR VOLLENDET WERDEN KONNTE, WEIL DIE GÖTTLICHE MACHT GEGEN DIE KRAFT DES BÖSEN EINSCHRITT.

DIESE GEGENSÄTZLICHEN KRÄFTE FINDET MAN AUCH IN DEN PHYSIKALISCHEN GESETZEN. SIE LASSEN SICH NUR BEHERRSCHEN, WENN MAN SIE KENNT. JE WEITER MAN DIESE GESETZE ERFORSCHTE, DESTO KÜHNER WURDEN AUCH DIE BRÜCKENBAUER. IN DER HEUTIGEN ZEIT ÜBERWINDET MAN IMMER GRÖSSERE HINDERNISSE UND VERWIRKLICHT KONSTRUKTIONEN, DIE FRÜHER FÜR UNDURCHFÜHRBAR GALTEN.

NACH IHRER ERRICHTUNG IST DIE BRÜCKE EIN NEUES BEDEUTENDES, PLATZ RAUBENDES HINDERNIS. SIE KANN SICH ALS FREMDKÖRPER IN IHRER NATÜRLICHEN UMGEBUNG

14-15 ■ PONTE DI RIALTO – Venedig
14 unten links ■ PONT NEUF – Paris
14 unten rechts ■ SKULPTUR AN DER ENGELSBRÜCKE – Rom

... UND VIELLEICHT SOGAR NOCH ÄLTER.

erweisen oder das Landschaftsbild negativ beeinflussen, indem sie deren charakteristische Züge verändert, aber sie kann sich auch harmonisch in ihre Umgebung einfügen und ihr Erscheinungsbild prägen.

Im Lauf der Jahrhunderte hat man Brücken aller Typen errichtet. Nimmt man die modernen Standardformen aus – eine Art Massenware für den Export –, dann haben Konstrukteure nur selten die Ästhetik vernachlässigt. Dabei ist es nicht immer gelungen, ein gefälliges Bauwerk zu schaffen. Manchmal hat der Brückenbauer bei der Suche nach Monumentalität zu viel hinzugefügt oder er hat die Trägerstruktur aus Metall mit „edleren" Materialien verkleidet. Ästhetische Urteile sind immer subjektiv, aber einige auch allgemeingültig. Le Corbusier schrieb etwa: „Künstlichkeit und Überladenheit nützen der Kunst selten. Schönheit kann spontan durch die Konstruktionen eines Ingenieurs entstehen, wenn sie den Naturgesetzen folgen, und so ihre Harmonie erreichen."

So wie andere Infrastrukturen kann auch eine Brücke eine neue städtische Siedlung oder die Entwicklung von städtischen Randgebieten fördern.

Brücken sind nicht nur im Raum gegenwärtig, sondern auch in der Zeit. Auf ihnen spielt sich Geschichte ab: die Weltgeschichte mit ihren Schlachten, Triumphzügen und symbolischen Zusammentreffen, aber auch der Alltag der Menschen, die in ihrer Nähe leben. Brücken innerhalb der Städte waren für die Allgemeinheit besondere Anziehungspunkte. Von Kindesbeinen an waren die Einwohner der Umgebung mit der Brücke vertraut und hingen an ihr, so wie die Figuren Alessandro Manzonis an den heimatlichen Bergen.

Abschließend ist zu sagen: Brücken sind Bauwerke, die gleichermassen benutzt als auch bewundert werden wollen. Sie sind einzigartige Monumente, die im Dienst der Allgemeinheit stehen.

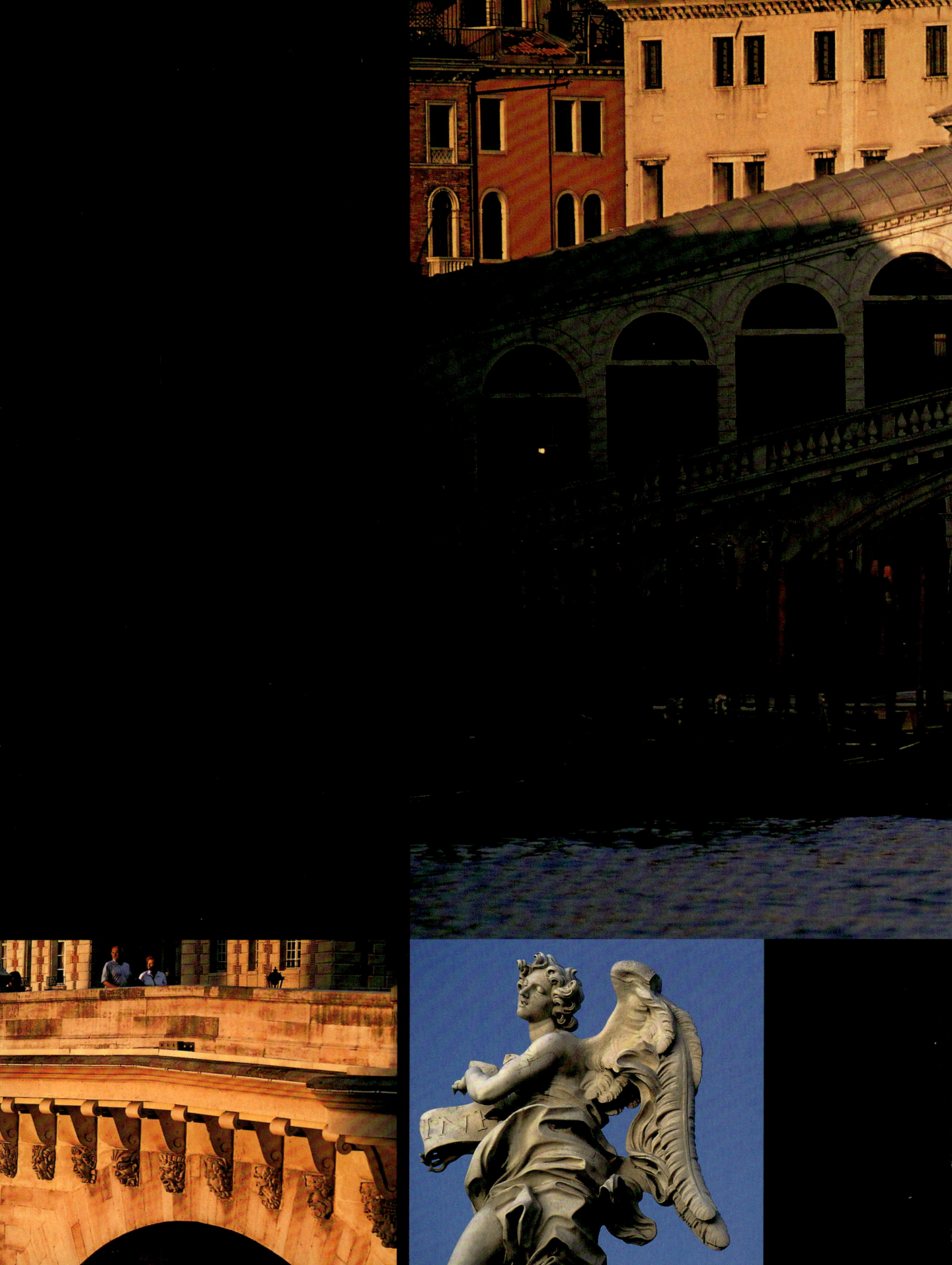

Geschichte

Von der Antike bis zur Mitte des 18. Jahrhunderts

Von der Antike bis zur Mitte des 18. Jahrhunderts

Andrea Palladio schrieb 1570 in seiner Abhandlung „Vier Bücher zur Architektur": „Zuerst bauten die Menschen hölzerne Brücken."

▲ Milvische Brücke – Rom   ▲▶ Engelsbrücke – Rom

Später führt er aus, erst als die Menschen „auf die Unsterblichkeit ihrer Namen Wert legten und ihr Reichtum Größeres ermöglichte, begannen sie, Brücken aus Stein zu bauen." Der persönliche Ehrgeiz treibe den Erbauer dazu, ein künstlerisches Werk zu schaffen, das über den eigentlichen Nutzen hinausgehe, und die Möglichkeiten des Auftraggebers erlaubten es ihm.

Die Geschichte der Brücken könnte mit der Frage beginnen, ob der „Steindeckel" in seiner rudimentärsten Form vor oder nach der Holzbrücke entstanden ist. Heute findet man keine Spuren mehr von Holzbrücken aus der Zeit der Granitdeckel, wie ihn die alte Post Bridge in Cornwall (Felsstücke durch Pfeiler aus aufgeschichteten Steinen aufrecht gehalten) und die Giang-Tung-Giao-Brücke in China (mit einem Felsstück von fast 25 m Spannweite und Teilen von 1,7 mal 1,5 m) darstellen.

Einen qualitativen Entwicklungssprung brachte die Erfindung des Bogens. In vorrömischer Zeit im Mittleren Osten, in Ägypten und bei den Etruskern schon bekannt, haben ihn die Römern wieder aufgenommen, zur Vollendung gebracht, meisterhaft angewandt und in ganz Europa verbreitet. Die große Ausdehnung des Römischen Reiches erforderte ein sicheres Straßennetz, das zu allen Jahreszeiten benutzbar sein musste. Dazu brauchte es Brücken, die fester waren als Holzbrücken. Zum Zeichen seiner Macht errichtete Rom nicht nur in der Hauptstadt, sondern auch in den entlegensten Provinzen zahlreiche monumentale Bauwerke.

Die römischen Brücken weisen immer gleiche Merkmale auf: Rundbögen aus bearbeitungsfähigen, großen Steinquadern, extreme Nüchternheit, Perfektion und Symmetrie. Dass viele Brücken noch heute in Benutzung sind, verdanken sie den Restaurierungen, die über Jahrhunderte hinweg vorgenommen wurden. Der notwendige Ersatz hat die ursprüngliche Konstruktion der Brücken nicht verdeckt. Die unversehrten Teile sind gänzlich wiederzuerkennen.

Eines der großartigsten und zugleich ältesten Bauwerke des römischen Straßennetzes ist die Milvische Brücke (Pons Milvius) über den Tiber, knapp außerhalb Roms, entstanden 109 v. Chr. Die Brücke steht an der Via Flaminia, drei Meilensteine vom gleichnamigen Tor entfernt, das später in Porta del Popolo umbenannt wurde. Der monumentale Eingang kam erst unter Kaisers Augustus hinzu. Ursprünglich war die Brücke 150 m lang und 7,71 m breit. Sie besteht aus vier leicht abgeflachten Bögen von 18 m Spannweite. Ihrer strategischen Lage wegen war die Brücke Schauplatz zahlreicher Kämpfe: 63 v. Chr. wurde sie von Sullas Anhängern besetzt, 69 n. Chr. fand hier der Kampf zwischen Otho und Vitellius statt, 193 siegte Septimius Severus über Salvius Julianus und 312 besiegte Kaiser Konstantin den Maxentius. 1849 zogen die Anhänger Garibaldis über diese Brücke und 1870 die italienischen Bersaglieri.

Die berühmteste antike Brücke Roms ist der Ponte Elio (Hadriansbrücke), der heute Ponte Sant'Angelo (Engelsbrücke) heißt. Sie führt über den Tiber und wurde im Jahr 174 vollendet. Kaiser

Von der Antike

Hadrian, Philosoph, Humanist und Architekt, entwarf selbst die Brücke und ließ sie als Zugang zu seinem eigenen Mausoleum auf der anderen Tiberseite erbauen. Im Lauf der Jahrhunderte wurde die Brücke stark verändert. Von den fünf Bögen mit gleicher Spannweite, die heute zu sehen sind, sind nur drei Bögen original, die anderen ersetzen fünf kleinere, unterschiedlich gestaltete Bögen, welche die beiden ungleichen Brückenaufgänge stützten. Als im 18. Jahrhundert die Engelsburg zur Festung ausgebaut wurde, hat man einen großen Teil des rechten Brückenaufgangs verdeckt. Das neue von Bernini entworfene Geländer und die zehn Statuen auf den Pfeilern verwandelten die Brücke in eines der berühmtesten Bauwerke des römischen Barock.

Auch in den römischen Provinzen gibt es unzählige, erwähnenswerte Brücken unterschiedlicher Bauart. Zu ihnen gehört der berühmte Pont Saint Martin über die Lys, am Eingang zum Aostatal in Italien, der zwischen 70 und 40 v. Chr. errichtet wurde. Besonders berühmt ist die Eleganz seines Unterbaus, der sich mehr als 20 m über das Kiesbett des Flusses erhebt. Sie besteht aus einem einzigen, sehr elegant strukturierten Flachbogen von 31,4 m Spannweite und 11,42 m Pfeilerhöhe. Das Verhältnis zwischen Höhe und Spannweite des Bogens ist für die frühe Bauzeit außergewöhnlich niedrig. Beim Bau wurden zwei verschiedene Mauertechniken angewendet, die den optischen Eindruck bestimmen: Der untere Teil besteht aus aufeinander geschichteten Gneisblöcken, der obere wurde mit horizontalen Schichten aus kleinen Gneisstücken und Kalk errichtet, die mit Steinstreifen durchsetzt sind.

Zwei Beispiele finden sich in den entlegenen Provinzen, nahe der Grenze zwischen Spanien und Portugal. Neben der Brücke von Merida in der Estremadura ist vor allem die Tejo-Brücke von Alcántara (Spanien) bemerkenswert. Sie wurde 103 bis 104 erbaut. Das Ensemble aus Brücke und kleinem Tempel am Brückenaufgang gehört zu den Glanzstücken römischer Architektur. Die Gesamtlänge der Brücke betrug ursprünglich 190 m und die maximale Breite 8,60 m. Sie besteht aus sechs Rundbögen von 28 m Spannweite; über dem Mittelpfeiler er-

▲ An-Ji-Brücke – Zhaozhou ▲ Pont St. Martin – Aosta ▲ Alcántara-Brücke – Spanien

Bis zur Mitte des 18. Jahrhunderts

hebt sich ein Triumphbogen für den Kaiser Trajan. Die Konstruktion besteht aus großen, ohne Mörtel aufgeschichteten Steinblöcken. Verwendet hat man daür den heimischen goldgelben Granit mit rosa Schattierungen. Während der Reconquista wurde die Brücke schwer beschädigt. Kaiser Karl V. ließ sie restaurieren und auf dem Triumphbogen Trajans Zinnenkranz und Wappen der Habsburger anbringen.

Im Mittelalter wurden in Europa nur wenige Steinbrücken gebaut. Einige ahmten römische Brücken nach, andere kennzeichnete die Verwendung von Spitzbögen. Beide Formen weichen von den Regeln ab, die die Brückenbauer in römischer Zeit geleitet hatten. Deswegen wirken mittelalterliche Brücken in ihrer Unvollkommenheit weniger gleichförmig, eher malerischer und fantasievoller als ihre römischen Vorbilder.

Zwei Beispiele für Spitzbogenbrücken finden sich in Estaing und in Espalion, in Südfrankreich. Die Brücken sind fast gleich alt, führen über den gleichen Fluss und tragen den gleichen Namen: Pont vieux sur le Lot.

Der Pont d'Avignon über die Rhone, auch bekannt unter dem Namen Pont Saint Bénezet, ist eine der berühmtesten Brücken des Mittelalters. Sie wurde in Avignon in den Jahren 1177 bis 1185 erbaut. Die vier Brückenbögen auf dem stadtseitigen Ufer sind die Überreste von ursprünglich 19 Bögen. Der Bau war oft beschädigt und restauriert worden, bis ihn das Hochwasser von 1680 auf den heutigen Zustand reduzierte. Erhalten geblieben ist auch die Kapelle des Heiligen Nicolas über dem zweiten Brückenpfeiler.

Auch außerhalb Europas, etwa in Asien, gibt es bedeutende antike Brücken. Als bedeutendes Beispiel sei hier die An-Ji-Brücke über den Xiao im Südwesten von Peking genannt. Die von Li Chun entworfene Brücke entstand im 6. Jahrhundert. Sie besteht aus einem einzigen stark abgeflachten Bogen aus unvermörtelt geschichteten Steinblöcken und gehört zu den bedeutendsten technischen Meisterwerken der Sui-Dynastie (581–618). Die Brücke zeichnet sich durch planerische Kunstgriffe (etwa aufgelockerte Zwickel) aus und besticht durch Techniken, die für ihre Zeit sehr fortschrittlich waren.

▲ Pont St. Bénézet – Avignon

Die italienische Renaissance beeinflusst auch die Brückenbaukunst und verändert ihren Stil.

▲ Ponte Vecchio - Florenz ▲ Ponte di Rialto - Venedig ▶ Pont Neuf - Paris

Im 15. und 16. Jahrhundert lassen sich die Erbauer der berühmten Brücken von Florenz, Venedig und anderen italienischen Städten schon von den regelmäßigen Formen der Vergangenheit inspirieren. Da sie aber danach streben, eher Künstler als nur Baumeister zu sein, führt des in einigen Fällen zu übertriebenen Aufbauten und Verzierungen.

Hier seien die beiden typischsten Beispiele dieser Epoche genannt. Der Ponte Vecchio über den Arno in Florenz ist die einzige historische Brücke, die den Zerstörungen im Zweiten Weltkrieg entging. Sie wurde 1345 errichtet und ihr Entwurf wird dem Maler Taddeo Gaddi, einem Schüler Giottos, zugeschrieben. Die Brücke ist 18,69 m breit und 95,05 m lang. Drei stark abgeflachte Bögen von etwa 29 m Spannweite stützen den Aufbau, in dem Geschäftsräume untergebracht sind: eine bauliche Neuerung im Vergleich zu den damaligen Brücken, in denen die Läden nur einfache Holzbauten waren. Ursprünglich lag der Aufbau – zwei massive Wände, mit einem Mittelbogen, durch den man auf den Fluss sehen konnte – mit den Seiten der Brücke auf einer Höhe. Die auskragenden rückwärtigen Räume der Geschäfte, deren Fenster auf den Fluss gehen, wurden im 16. Jahrhundert errichtet, als die Geschäfte, die vorher der Stadt gehört hatten, in den Besitz von Privatleuten übergingen. Die Florentiner liebten den malerischen Anblick „ihrer" Brücke so sehr, dass sie sich allen Vorhaben verweigerten, die Außenfront des Überbaus anzugleichen.

Die berühmteste Brücke Venedigs, der Ponte di Rialto wurde zwischen 1588 und 1591 gebaut. Die Trägerstruktur besteht aus einem kühnen Steinbogen von 28 m Spannweite. Darüber erhebt sich ein prächtiger Aufbau. Der gewaltige Bau Antonio da Pontes zeichnet sich durch drei parallel über die gesamte Brücke laufende Treppen und zwei Reihen mit Läden zu beiden Seiten der mittleren Treppe aus.

Die Brücken des 17. bis Ende des 18. Jahrhunderts, waren unter künstlerischen und technischen Gesichtspunkten eher mittelmäßig, meist simple Kopien ohne Neuerungen. Historische Bedeutung kommt jedoch dem Pont Neuf über die Seine zu, der trotz seines Namens die älteste Brücke von Paris ist. Sie wurde zwischen 1578 und 1604 errichtet, um eine schnellere Verbindung zwischen dem Louvre und der Abtei Saint Germain des Prés zu schaffen. Die Brücke befindet sich in der Nähe des Denkmals Heinrich IV. an der Westseite der Cité-Insel. Sie besteht aus zwei Teilen, die durch ein kurzes Stück auf der Seine-Insel vereinigt werden. Fünf Bögen überspannen den linken, sieben den rechten Arm der Seine. Die Brücke ist 232 m lang, 22 m breit und der größte Brückenabschnitt hat eine Spannweite von 15,5 m.

BRÜ

Die industrielle Revolution

MITTE des 18. Jahrhunderts wurde es in Frankreich erforderlich, die theoretische Ausbildung der Ingeneure zu verbessern. Es war kein ein Zufall, dass beinahe gleichzeitig mit der *École des Ponts et Chaussées* in Paris auch die *École de Marine*, die *École du Génie de Mézière* und die *École des Mines* entstanden.

▲ Tower Bridge ▲ Brooklyn Bridge ▲ Pont Alexandre III

Den ersten Schritt zur Professionalisierung des Brückenbaus ging man 1716 mit dem *Corp des Ponts et Chaussées* und dem *Bureau des Dessinateurs*. 1747 ersetzte Jean-Rodolphe Perronet das *Bureau* durch die *École des Ponts et Chaussées* und die 1795 gegründete *École Polytechnique* lieferte die Theorie für die Lösung praktischer Probleme. Technik war nun angewandte Wissenschaft. Die deskriptive Geometrie regelte den Steinschnitt. Die „Stereometrie" wurde eingeführt, um die „Schwere eines Steins so zu nutzen, dass er von seinem Eigengewicht gestützt wird". Der Bau eines Gewölbes war vom praktischen Problem zum wissenschaftlichen geworden.

Die Aufklärung verwandelte die „Baukunst" in eine „Konstruktionswissenschaft". Entwürfe und Konstruktionsweisen erlebten einen Qualitätssprung: Perronet entwickelte aufgrund technischer Kenntnisse und praktischer Anwendungen seine eigene Bauweise und begründete damit ein neues Zeitalter für den Bau von Brücken aus Schnittsteinen. „Perronet-Brücken" – später durch preiswertere gemauerte Brücken ersetzt – sind noch heute in Betrieb. Sie sind der Höhepunkt der Entwicklung dieses Brückentyps.

Anders als in Frankreich lernten die englischen Ingeneure in den Werkstätten und auf Baustellen. Diese „practicalmen" befragten zwar auch Mathematiker und Physiker, wenn sie aber deren Antwort nicht überzeugte, bauten sie Modelle und Prototypen und zogen den experimentellen Beweis der Theorie vor.

Die industrielle Revolution begünstigte die Verwendung von Gusseisen, Gussstahl, Puddelstahl usw. auch für Wohn- und Industriebauten, große Überdachungen und Brücken. 1776 bis 1779 wurde die erste Brücke aus Gusseisen (bei Coalbrookdale) über den Severn gebaut. 1796 verband man Sunderland und Monkwearmount durch eine Brücke über den Wear. Noch nutzte man kaum die besonderen Eigenschaften des neuen Materials, aber diese Bauten brachten die Erforschung dieses neuen Brückentyps und die Entwicklung der Metallbrücken weiter.

In der Eisenbahnbrücke des 19. Jahrhunderts vereinten sich die Höhepunkte von Baukunst und Konstruktionstechnik. Sie wurde zum Prüfstand für die Konstruktionstheorie und zu deren wirkungsvollstem praktischen Beweis, außerdem bot sie die beste Gelegenheit zum Einsatz neuer Baustoffe.

Vom ausgehenden 18. bis zum Ende des 19. Jahrhunderts

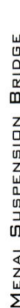

28-29 ■ Die Menai Suspension Bridge zwischen Wales und der Isle of Anglesey ermöglicht die Überquerung der Meerenge von Menai.

29 oben rechts ■ 1939 ersetzten Arbeiter einige Kettenglieder. Dieser Vorgang musste noch mehrfach wiederholt werden.

29 unten ■ im Detail sind die Steinkonstruktionen zu sehen, die die beiden Türme gegen die durch den Straßenverkehr entstehenden Horizontalkräfte stabilisieren.

MENAI SUSPENSION BRIDGE

ZWISCHEN WALES UND DER ISLE OF ANGLESEY (GROSBRITANNIE N)

In der Vergangenheit war die Enge von Menai ein natürlicher Schutz, ein Hindernis für ehrgeizige Eroberer. In neuerer Zeit verhinderte er die Verbindung der beiden Seiten. Als um 1800 Irland an Großbritannien angeschlossen wurde, schien die Jahrhunderte alte Fährverbindung zwischen Wales und der Isle of Anglesey nicht mehr auszureichen. Die Meerenge lag auf der Route der Postkutschen zwischen London, dem Hafen Holyhead und Dublin. Mögliche Alternativen zum Fährbetrieb wurden diskutiert. Die politische Lage des Zeitalters der amerikanischen Revolution und der Napoleonischen Kriege forderte großen finanziellen Einsatz vom Staat und ließ so kostspielige Unternehmungen nicht zu.

1818 beschäftigte man sich wieder mit dem Problem und entschied sich schließlich für eine Brücke von 100 Fuß (30,48 m) Höhe, um Segelschiffen die Durchfahrt zu ermöglichen. Diese Aufgabe löste Thomas Telford mit seinem Entwurf einer Hängebrücke. Sein Vorschlag wurde sofort angenommen; im August 1819 wurde der erste Stein gesetzt.

Für diesen zukunftsweisenden Brückentyp gab es bis dahin nur wenig praktische Beispiele und jedes von ihnen bot die Gelegenheit, neue Methoden auszuprobieren.

Thomas Telford (1757–1834) gehörte zu den englischen Ingenieuren, die sich als „practicalmen" (Autodidakten) bezeichneten, aber dennoch auf den Rat theoretisch ausgebildeter Ingenieure und Mathematiker zurückgriffen. Als bekannter und geschätzter Baumeister bedeutender öffentlicher Bauten wurde er 1820 Präsident des Verbandes der englischen Bauingenieure.

Standort	Entwurf	Länge – Grösste Spannweite	Typ	Bauzeit
Wales (Grossbritannien)	Thomas Telford	521 m / 176,5 m	Hängebrücke mit Ketten	1819–1826

Mit dem Bau der Brücke bewies Telford, dass er Technik mit Wirtschaftlichkeit und Ästhetik in Einklang zu bringen vermochte.

Die zentrale Hängekonstruktion der Brücke hat eine Spannweite von 176,5 m und ist zwischen zwei Seitenteilen aus Stein eingefügt: Vier Brückenbögen stehen in Richtung Isle of Anglesey und drei in Richtung Wales. An der Innenseite der Seitenteile erheben sich zwei Steintürme, die vier Trageketten halten. Jede Kette besteht aus je vier untereinander angeordneten Ketten aus länglichen, miteinander verbundenen Teilen. Das verwendete Gusseisen konnte erst seit 1850 zuverlässig eingesetzt werden. Telford löste das Problem mithilfe Samuel Browns; er führte entsprechende Belastungsproben durch, um die technischen Erfordernisse abzusichern und erreichte hervorragende Ergebnisse. Mit Ausnahme von ein paar Instandsetzungs- und Austauscharbeiten hielten die Ketten bis 1940, dann wurden sie gegen gleichartige aus Stahl ausgetauscht. Die originale Trägerkonstruktion, ursprünglich aus Holz, wurde 1893 durch ein Eisengerüst ersetzt. Sie ist mit den Ketten durch 444 Zugseile verbunden. Das Anbringen der Ketten war abenteuerlich: Für alle vier Ketten wurden Teilstücke mit einem Gewicht von über 20 t auf Flößen so weit gebracht, bis sie in einer Linie mit dem Mittelbogen standen. Auf jeder Seite wurde ein weiteres Kettenteil im Ufer verankert, über die Spitze des gegenüberliegenden Turms geführt und zum Wasser hin hängen gelassen. 150 Männer waren nötig, um zuletzt die äußeren Enden der Kettenteile ineinander zu passen und zu verbinden. Sie hatten nur handgetriebene Seilwinden zur Verfügung. Eine Blaskapelle spielte und feuerte die Arbeiter an. Am Ende applaudierte die Menge begeistert. Die Brücke wurde 1826 vollendet.

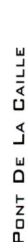

Pont De La Caille

über den Ussels, zwischen Allonzier-la Caille und Cruselles, Hochsavoyen (Frankreich)

Bis 1856 gehörte Savoyen zum Königreich Sardinien. Die Region war mit Frankreich durch die Route Royale von Chambéry nach Annency verbunden Sie überquerte den Ussels im hinteren Teil der Gorge de la Caille (Wachtelschlucht), wo es eine römische Brücke gab.

Dank einer neuen Technik, die sich um 1830 durchgesetzt hatte, war man in der Lage, die heute noch benutzte Hängebrücke zu bauen, welche die Schlucht mit einem Bogen von 192 m Länge und 147 m Höhe überspannt. Zu Ehren des Königs wurde die Brücke Pont Charles Albert benannt, heute heißt sie Pont de la Caille oder Pont d'Annecy.

Am 7. Oktober 1839 wurde die Brücke in Anwesenheit des Königs eingeweiht. Damals gehörte sie zu den längsten Brücken und wurde nicht nur wegen ihrer technischen Qualitäten bewundert, sondern auch wegen ihrer ästhetischen Vorzüge und wegen der grandiosen Einbettung in die Landschaft.

Die Stützpfeiler der Hängeketten sind neugotisch: Jeweils zwei zylindrisch geformte, 17,5 m hohe Säulen sind durch eine Mauer verbunden, die von einem Bogen durchbrochen ist. Die Taue der Aufhängung führen durch den von den Säulen gebildeten Hohlraum.

Die Urheberschaft des Entwurfs ist sehr umstritten, da die Quellen einander zum Teil

STANDORT	ENTWURF	LÄNGE – GRÖSSTE SPANNWEITE	TYP	BAUZEIT
HOCHSAVOYEN (FRANKREICH)	F. P. LEHAÎTRE	232 M / 192 M	HÄNGEBRÜCKE	1839

30-31 und 31 unten ■ Der Pont De la Caille überquert die tiefe Schlucht des Ussels, bei Annecy. Die Verankerungen der Seile verfügen über Spannvorrichtungen.

widersprechen. Den Anstoß für den Brückenbau gab zweifellos die Firma Bonnardet e Blanc, die die Konzession dafür erhalten hatte. In einigen Quellen wird dann F. P. Lehaître als allein verantwortlich für den Entwurf, die Planung und die Ausführung der Arbeiten genannt. In anderen Zeugnissen werden die gleichen Aufgaben aber den Ingenieuren Ch. Berthier, E. Bertin und dem Inspecteur de Ponts et Chaussées, dem Ingenieur E. Belin, zugeschrieben.

Von 1928 an wurde die Brücke vom Durchgangsverkehr weitgehend entlastet. Man baute in der Nähe eine Bogenbrücke aus Stahlbeton von 137,5 m lichter Weite und 26,5 m Pfeilerhöhe, den Pont Caquot.

Standort	Entwurf	Länge – Grösste Spannweite	Typ	Bauzeit
Budapest (Ungarn)	William Thierney Clark	375 m 202 m	Hängebrücke	1839–1849 wieder aufgebaut 1949

Széchenyi-Brücke

über die Donau in Budapest (Ungarn)

Die Kettenbrücke – im Ungarischen nach dem Namensgeber Széchenyi-Brücke genannt – ist als Bauwerk eng mit der Geschichte Ungarns, besonders mit der Budapests, verbunden. Man begann den Bau 1839 zu in einer Zeit, als das Land von gemäßigten Reformern, u. a. dem Grafen Széchenyi, regiert wurde und beendete die Brücke während des Ungarnaufstands 1849.

Wegen ihrer historischen Bedeutung und ihres symbolischen Wertes für Budapest wurde die Kettenbrücke, die im Zweiten Weltkrieg zerstört worden war, durch eine originalgetreue Kopie ersetzt.

Benannt wurde die Széchenyi-Brücke nach dem Politiker, der sich für ihren Bau besonders eingesetzt hatte. Außerhalb Ungarns ist sie aber eher als Kettenbrücke bekannt, weil sie ein seltenes, vielleicht einzigartiges Detail aufweist: Das Tragwerk ist an Ketten aufgehängt, nicht an Seilen.

Den Entwurf schuf der berühmte englische Ingenieur William Thierney Clark, der viel Erfahrung im Planen und Bauen von Brücken mitbrachte.

Die dreiteilige Hängebrücke ist 375 m lang. Die Spannweite des Hauptfeldes misst 202 m, ein Rekord für diese Zeit. Erst nach dem Vorbild der Brooklyn Bridge (1883) erreichten Hängebrücken doppelt so große Spannweiten.

Die Ketten, auf jeder Seite zwei, werden durch Löcher in den Brückentürmen etwas unterhalb der Kranzgesimse geführt. Die Ent-

32 ■ Die Endpunkte der Brücken werden von vier mächtigen Löwenstatuen bewacht, denen die Zungen fehlen.

32-33 ■ Die Hängebrücke, die erste ständige Brücke im unteren Teil der Donau, wurde als Verbindung zwischen Buda und Pest gebaut.

33 unten ■ Beiderseits der Mittelspur verlaufen Fahrrad- und Fußwege. An den Unterseiten der Bögen sind Geländer angebracht.

fernung zwischen den Löchern betrug 8 m, dies setzte der Länge der Brücke Grenzen. An den Endpunkten sind die Ketten an Steinblöcken verankert, die wie die Brückentürme konstruiert sind.

1914 wurden nach 60 Jahren Brückenbetrieb einige beschädigte Teile ausgetauscht und Anpassungen an den zunehmenden Verkehr vorgenommen.

Im Zweiten Weltkrieg wurden sämtliche Eisenbahn- und Straßenbrücken Budapests zerstört – auch die Széchenyi-Brücke. Die Stadt wollte nicht auf sie verzichten, hatte sie doch ihre Einheit durch die Brücke erlangt: Sie verband die Stadtteile Buda und Pest. Trotz aller Schwierigkeiten wurde die Brücke sofort nach dem Krieg wieder aufgebaut und 1949 eingeweiht.

Die Brücke reflektiert – eklektizistisch, genauer: historisierend – den Formenkanon der Zeit, der sie entstammt. Bossenwerk, Kranzgesims und die Proportionen der Bögen in den Brückentürmen orientieren sich am Stil der Renaissance.

Britannia Bridge
über die Menai-Meerenge zwischen Wales und der Isle of Anglesey
(Grossbritannien)

34 ■ Die Originalkonstruktion mit den riesigen Löwenstatuen an den Eingängen – hier ein Gemälde aus dem National Railway Museum – verfügte über zwei Tunnelröhren für den Eisenbahnverkehr.

35 oben ■ Im Jahre 1849 konnten die Leser der Illustrated London News anhand von täglich veröffentlichten Zeichnungen verfolgen, welche Fortschritte der Brückenbau machte. Die mächtigen Stahlträger wurden an Land gebaut, auf Lastkähnen transportiert und dann in ihre endgültige Position gebracht.

35 unten ■ 1970, nach einem Brand, wurde die Brücke modern überarbeitet. Man ersetzte die alten Röhren durch ein Tragwerk mit zwei Verkehrsebenen auf einer Stahlbogenkonstruktion.

In den Vierzigerjahren des 19. Jahrhunderts erforderte die außergewöhnlich schnelle Entwicklung der Eisenbahn den Bau entsprechender Brücken. Dazu gehört die Britannia-Eisenbahnbrücke über die Menai-Meerenge, die 1,6 km von der bestehenden Hängebrücke von 1826 errichtet wurde. Benannt ist die Brücke nach der winzigen Insel, über der ihr mittlerer Turm errichtet wurde. Ihre Konstruktion kann als Vorläufer der Metallleichtbauweise gelten. Die Brücke entwarf Robert Stephenson, der Sohn des berühmten Konstrukteurs der Dampflokomotive. Er arbeitete hierbei mit dem Metallingenieur William Fairbarn, einem bekannten Schiffsbauer, zusammen.

Da man den Schiffsverkehr nicht unterbrechen wollte, schied eine Bogenbrücke als Möglichkeit aus: Der Bau der Stützpfeiler hätte den Schiffsverkehr behindert.

Heute sieht die Brücke deutlich anders aus als die Originalkonstruktion. 1970 verursachten ein paar verantwortungslose Menschen einen Brand, weil sie Papier anzündeten um Licht im Tunnel zu machen. Der Schaden war so beträchtlich, dass man Stützbögen errichten musste, durch die man die Originalträger ersetzte. Bei dieser Gelegenheit baute man oberhalb der heute nur

Standort	Entwurf	Länge – Grösste Spannweite	Typ	Bauzeit
Wales (Grossbritannien)	Robert Stephenson und William Fairbarn	461 m 146 m	Metallröhren-brücke	1846–1850

noch eingleisig befahrbaren Eisenbahnstrecke eine Fahrbahn.

Die Originalkonstruktion Stephensons und Fairbarns zeigte ein durchgehendes Tragwerk mit vier Brückenfeldern, das aus zwei nebeneinander liegenden Röhren bestand, die – 9 m hoch, 5 m breit – groß genug waren, dass ein Zug hindurchfahren konnte.

Der Stein für die fünf Brückenpfeiler stammte aus den nahe gelegenen Steinbrüchen von Penmon. Die drei mittleren Pfeiler erheben sich zu 67 m hohen Türmen. An jedem Brückeneingang stehen zwei riesige Löwenstatuen auf Steinfundamenten, Werke des Bildhauers John Thomas.

Die Türme haben eine rein ästhetische Funktion, waren aber eigentlich dazu gedacht, die Ketten zu tragen, mit denen man die Röhrenträger zum Teil stützen wollte. Dazu hatte man Löcher eingefügt.

Während des Baus erkannte Fairbarn, dass die Röhrenträger das Gewicht ohne zusätzliche Hilfsketten tragen konnten. Er hatte das Verhalten der durchgehenden Konstruktion vorausgeahnt, was erst später theoretisch bewiesen werden sollte. Seinem Gefühl vertrauend hatte Fairbarn Experimente durchgeführt und ermutigt durch deren positiven Ausgang beschloss er, auf die Ketten zu verzichten.

Standort	Entwurf	Länge – Grösste Spannweite	Typ	Bauzeit
St. Louis (USA)	James Buchanan Eads	679 m / 158,8 m	Bogenbrücke	1867–1874

Eads Bridge

über den Mississippi in St. Louis, Missouri (USA)

In den Vereinigten Staaten förderte das Eisenbahnnetz, das Mitte des 19. Jahrhunderts einen großen Teil des Landes überzog, sehr stark den Handel, besonders in den großen Städten. St. Louis konnte nur dann davon ebenso profitieren wie Chicago, wenn eine Verbindung zwischen Missouri und Illinois geschaffen wurde. Deshalb musste eine Brücke über den Mississippi gebaut werden.

1868 – zwei Jahre nach dem Ende des Bürgerkriegs, begann man mit dem Brückenbau, den man an die Keystone Bridge Company vergeben hatte. Den Entwurf und die Leitung der Arbeiten übernahm James Buchanan Eads (1820–1887), ein amerikanischer Ingenieur und Autodidakt. Er war bekannt geworden, weil er in seiner Jugend einen Schleppkahn konstruiert hatte, mit dem man die im Mississippi gesunkenen Raddampfer bergen konnte; 1861 hatte er im Auftrag der Konföderierten-Regierung in nur 100 Tagen acht gepanzerte Schiffe gebaut. Beim Bau der Brücke in St. Louis probierte er neue Konstruktionsverfahren aus, die er sich umgehend patentieren ließ.

Das Tragwerk der Eads Bridge ist aus Stahl; sie besteht aus drei Bögen aus röhrenförmigen Metallstreben. Außergewöhnlich für die Zeit war die Spannweite der Bögen, der mittlere war fast 160 m lang. Die Brückenbögen stützten einen rechteckigen Tunnelgang, durch den die Eisenbahn fuhr. Darüber verläuft die Fahrbahn. Die Brücke erstreckt sich auf beide Flussufer, dort wird sie durch jeweils vier steinerne Bögen gestützt.

36 ■ Der Brückenbogen entstand 1871 nach einer neuen Methode. Man baute zwei Ausleger und fügte sie zusammen. So wurde der Schiffsverkehr nicht unterbrochen.

36-37 ■ Der hohe, dünne Gateway Arch, das neue Wahrzeichen von St. Louis, wird von einem Bogen der historischen Eads Bridge eingerahmt.

37 unten ■ Die klassischen mehrstöckigen Flussdampfer des Mississippi fahren zwischen den hohen Brückenbögen hindurch.

Um den Schiffsverkehr während des Baus nicht zu unterbrechen, erfand Eads ein neues Verfahren zur Verbindung der Ausleger. Als man die Bogenteile verbinden wollte, stellte sich heraus, dass die Maße nicht genau waren. Eads behob den Fehler, indem er ein Verbindungsstück einfügte. Dadurch konnte er während der Montage die Länge der Bögen regulieren und später Teile abbauen und ersetzen. Eads verwandelte so einen Fehler in eine Neuerung, die er sich ebenfalls patentieren ließ.

Um die Stützpfeiler in den Grund zu rammen, benutzte Eads Druckluftcaissons. Da man damals noch nicht wusste, welche Auswirkungen Druckluft auf den Menschen hatte, verwendete man ein neues Unterwasserbohrverfahren ohne die geringsten Vorsichtsmaßnahmen und so gab es zwölf Todesopfer während des Brückenbaus.

Man erprobte die Belastbarkeit der Brücke, indem man gleichzeitig 14 Lokomotiven mit einem Gewicht von 550 Tonnen darüber fahren ließ. Ein schwerer Tornado im Jahr 1896 testete ihre Widerstandskraft gegen Wind.

Die Eads Bridge wurde 1991 geschlossen, nachdem sie ein Jahrhundert lang in Betrieb gewesen war. 1993 wurde der Eisenbahnverkehr wieder aufgenommen und nach zwölf Jahren die Brücke wieder für den Autoverkehr geöffnet. Auf der Südseite, von wo man einen herrlichen Blick über den Fluss und die Stadt hat, verläuft ein Radweg, der durch die Renovierungsarbeiten ausgebaut wurde.

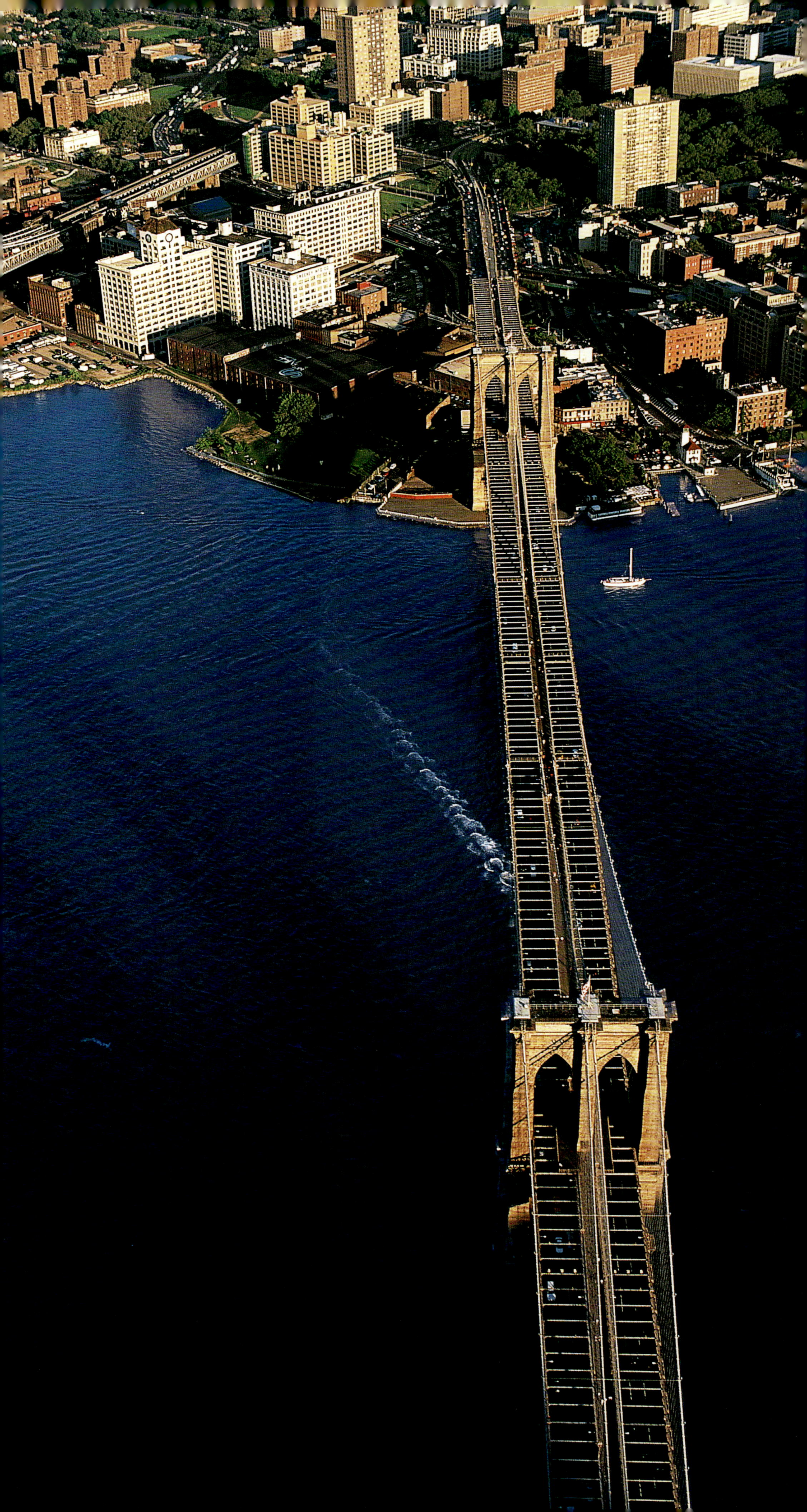

Brooklyn Bridge

East River, New York (USA)

Schon seit 1806 beschäftigte man sich mit der Idee, Manhattan und Brooklyn zu verbinden, und begann mit Vorstudien zur Verwirklichung dieses Gedankens. Man dachte auch daran, einen Tunnel zu bauen, ein Vorschlag, der damals leichter zu verwirklichen schien als eine oberirdische Verbindung. 1869 wurde endlich nach langen, nicht immer freundlichen Diskussionen, der Entwurf genehmigt, den John August Roebling am 1. September 1867 der New York Bridge Company vorgestellt hatte.

In der Einleitung zu „Plan and Detail of Anchorage, Approaches Towers ans Steel Cables" heißt es: „Dieses Bauwerk wird, wenn es nach meinem Entwurf gebaut wird, nicht nur die größte existierende Brücke sein, sondern zugleich das größte Meisterwerk der Ingenieurskunst auf diesem Kontinent und in unserer Zeit. Die hohen Türme der Brücke werden Wahrzeichen für die angrenzenden Städte sein und als Nationaldenkmäler anerkannt werden. Als großes Kunstwerk und gleichzeitig als ein Beispiel für fortschrittlichste Brückenbautechnik wird diese Konstruktion für immer die Tatkraft, den Unternehmungsgeist und den Reichtum der Gemeinschaft bezeugen, die den Bau sichert." Mit diesen Worten formulierte der Verfasser ziemlich unbescheiden den Anspruch seines Entwurfs und die Gewissheit, ihn auch verwirklichen zu können.

---

38 ■ Die Brooklyn Bridge über den East River führt von Manhattan nach Südwesten in Richtung Brooklyn. Auf dieser Luftaufnahme kann man die Fahrspuren für den Autoverkehr erkennen, die teilweise von den Querstreben der Überdachung verdeckt werden.

39 ■ Das schwere Steinportal mit dem neugotischen Bogen ist eines der bekanntesten und repräsentativsten Bildmotive der Brücke. Um die Brückenplattform zu versteifen, hatte man die vertikalen Spannseile durch schräge Trossen verstärkt.

40 oben ■ Das Fundament der Pfeiler muss sehr standfest sein. Das Bild von 1876 zeigt einen Schnitt durch den für die Ausschachtungsarbeiten verwendeten Senkkasten.

40 unten ■ Im Senkkasten arbeiteten die Männer unter anderen Druckverhältnissen. Der Aushub wurde durch die Mittelsäule nach oben transportiert.

40-41 und 41 unten ■ Manhattan im Nebel bildet den Hintergrund für zwei Arbeiter, die sich in einer akrobatischen und gefährlichen Position aufnehmen lassen. 1875: Beide Türme sind fertig, die vier Abspannseile gezogen. Nun arbeitet man an der unteren Ebene des Tragwerks weiter, von den Außenseiten nach innen. 1883 ist die Brücke fertiggestellt.

John August Roebling (1806–1869) hatte seine Ausbildung in Deutschland erhalten und 1826 die Königliche Technische Hochschule in Berlin als Bauingenieur absolviert. 1831 in die Vereinigten Staaten ausgewandert, hatte er berufliche Erfahrung auf höchstem Niveau gesammelt. Roebling errichtete bedeutende Bauten wie die Brücke über den Allegheny-Kanal, die Monongahela Bridge in Pittsburgh, das über einer Hängebrücke gebaute Delaware-Aquädukt – es ist heute noch in Betrieb – und die 322 m lange Brücke über den Ohio in Cincinnati.

Ende der 1860er-Jahre wurde New York immer größer: In diesem Jahrzehnt war die Einwohnerschaft von 266.000 auf 396.000 angewachsen, ein Wachstum wie in keiner anderen amerikanischen Stadt. Der Handel mit der Stadt Brooklyn hatte sich enorm vergrößert und der Bau einer Brücke wurde

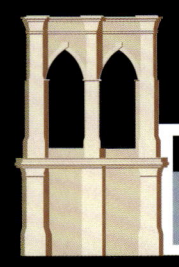

Standort	Entwurf	Länge – Grösste Spannweite	Typ	Bauzeit
Brooklyn (USA)	John Augustus Roebling	1.050 m 487 m	Hänge- brücke	1869–1883

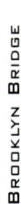

42-43 ■ Außer der Brooklyn Bridge verbinden die Manhattan Bridge, Williamsburg Bridge und die Queensboro Bridge Manhattan, Brooklyn und Queens über den East River hinweg.

43 unten ■ Im Mittelteil der oberen Ebene zwischen den beiden Aufbauten der Abspannseile verläuft die Fahrradspur.

immer dringlicher. Die Stadtverwaltung hatte dafür schon 1857 einen Betrag zurückgestellt, sie genehmigte die Ausgabe 1866 und entschied sich für Roeblings Entwurf, weil er völlig neuartig wirkte.

Beim Kostenvoranschlag für den Bau sah Roebling die Verwendung von Stahl vor, ein Material, das bisher wenig verwendet worden war. Es war aber doppelt so belastbar wie das übliche Schmiedeeisen. Neu waren auch die Maschinen, die für die Bauarbeiten eingesetzt wurden. Zum ersten Mal wurden Druckluftkästen für Ausschachtungsarbeiten unter Wasser verwendet.

Leider wurde der Bau durch zahlreiche Unglücksfälle behindert. Roebling selbst starb an den Folgen eines Unfalls. Er hatte sich vor Beginn der Bauarbeiten während einer Inspektionsfahrt, bei der er die Position der Brückenpfeiler überprüfen wollte, einen Fuß gequetscht. Er starb wenig später – am 20. Juli 1869 – an Wundstarrkrampf.

Nach Roeblings Tod übertrug man seinem Sohn Washington die Leitung der Arbeiten. Er hatte beim Bau der Brücke über den Ohio in Cincinnati an der Seite seines Vaters gearbeitet und so die nötigen Erfahrungen gesammelt.

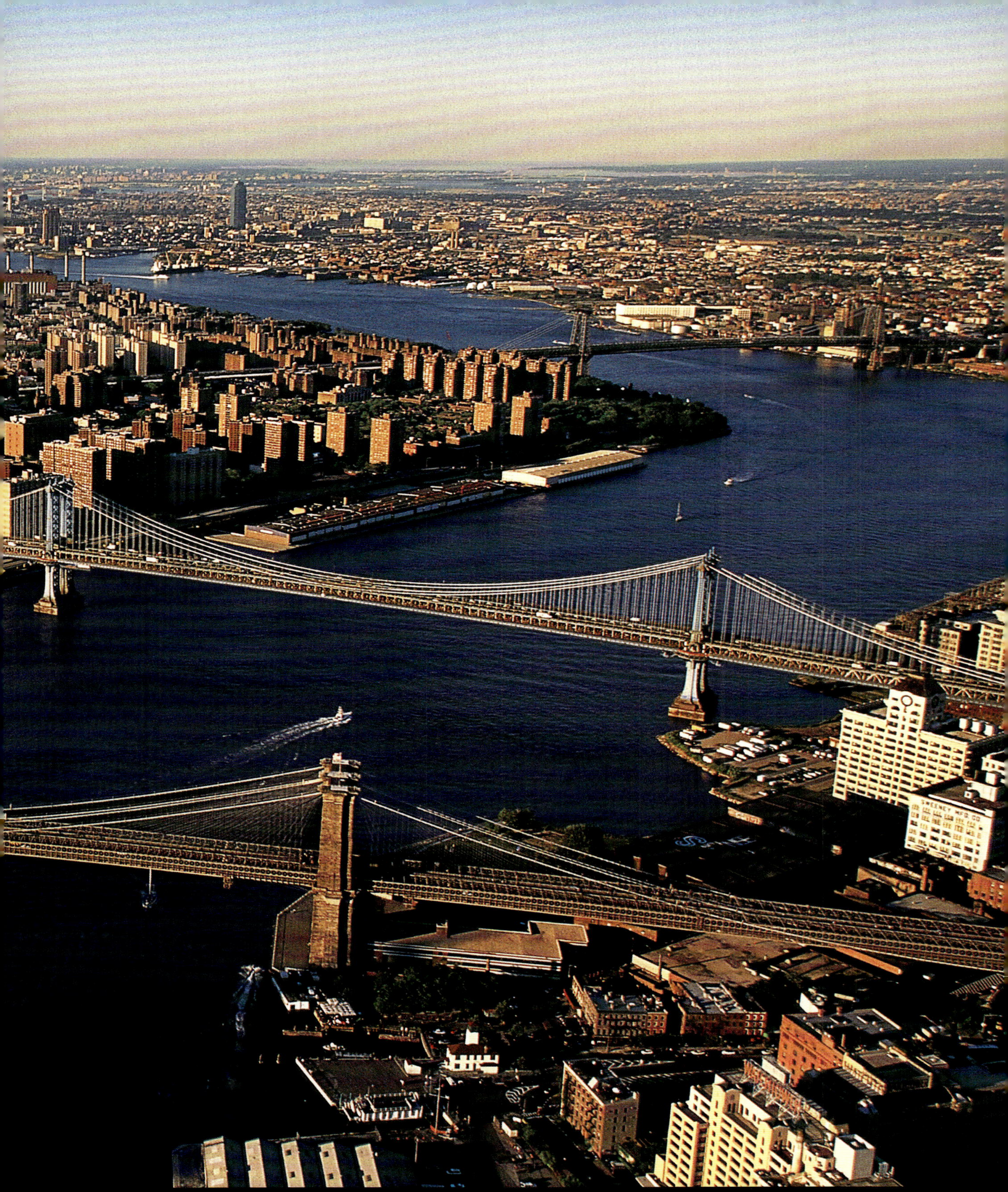

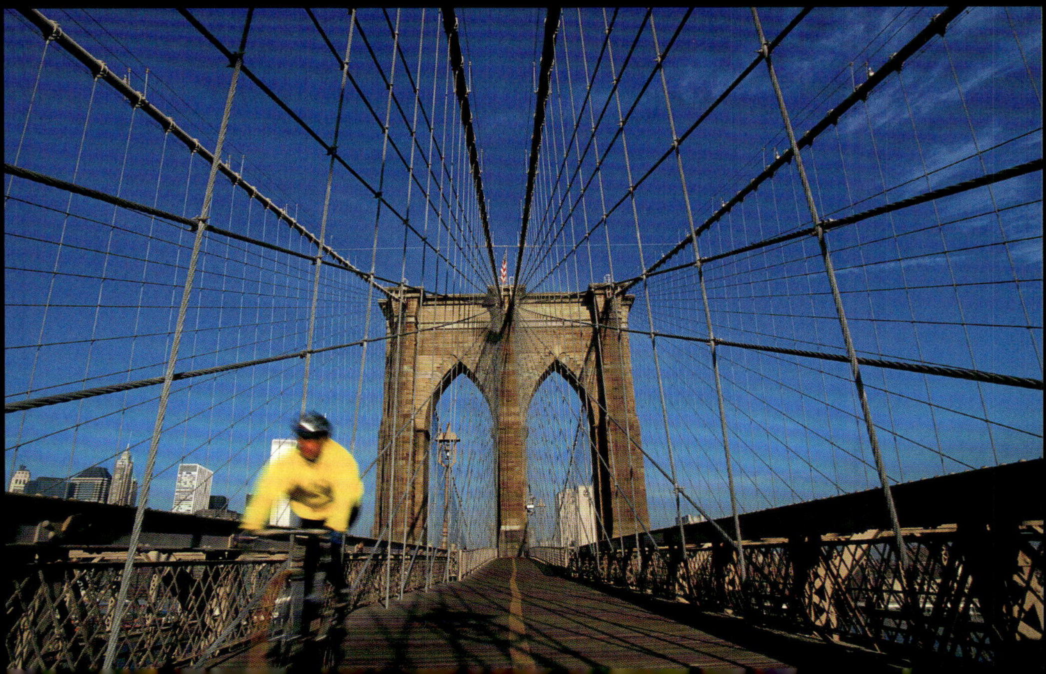

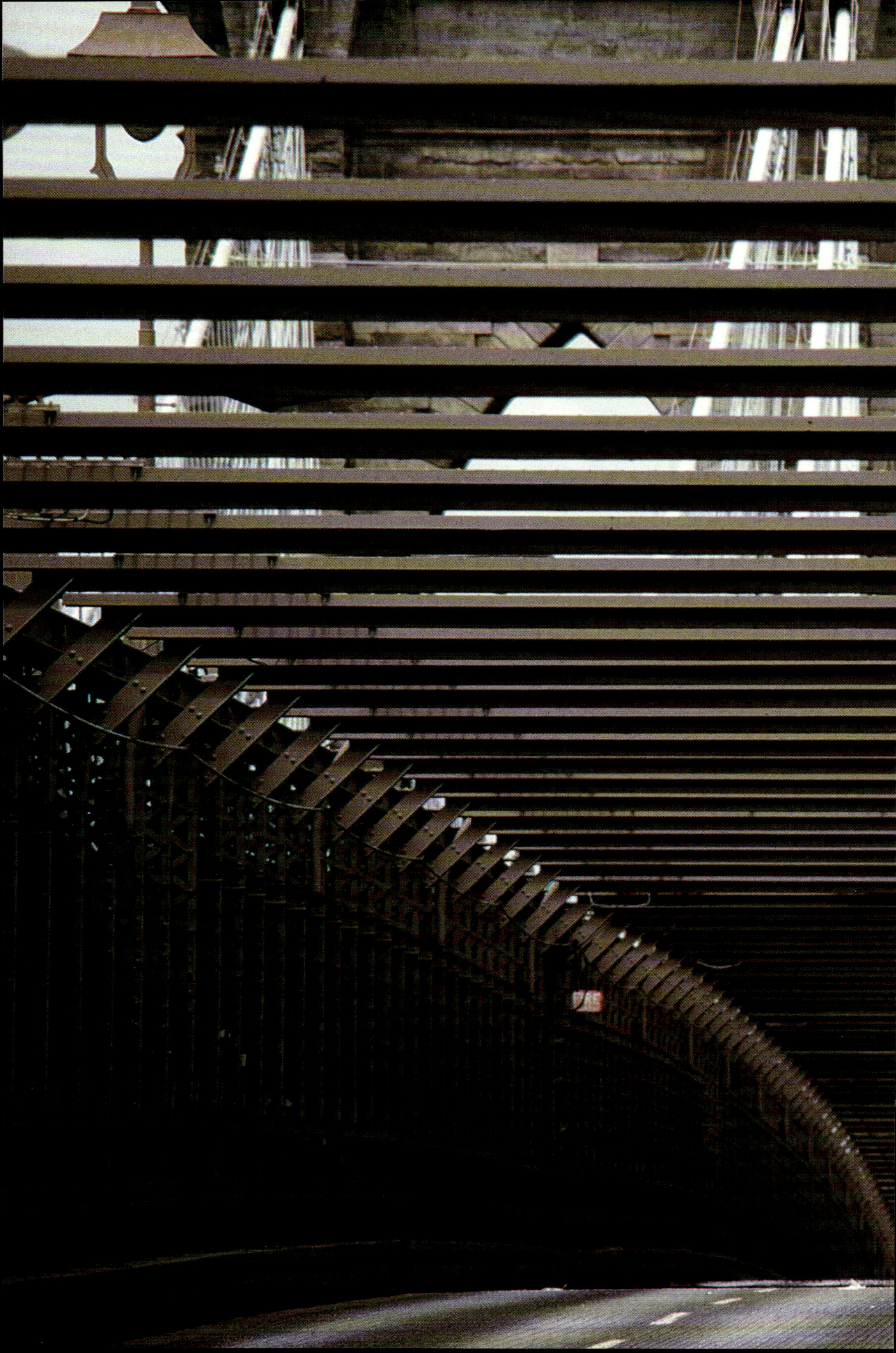

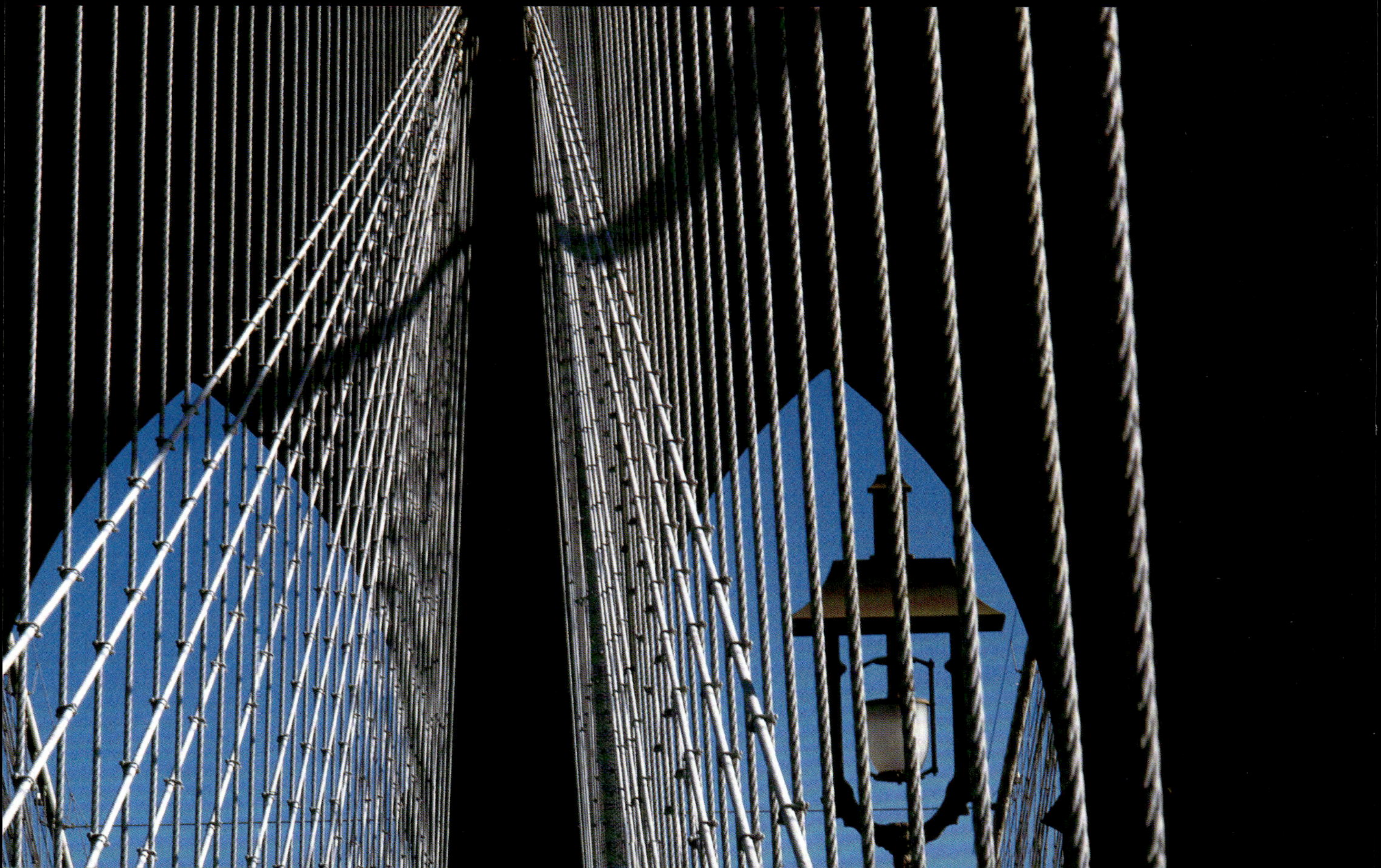

44-45 ■ Durchschnittlich fahren 140.000 Fahrzeuge jeden Tag über die Brücke. Diese Anzahl erzeugt ein anderes Bild als diese ungewohnte Ansicht.

44 unten ■ Die Sonne bringt zwischen den Seilen und dem im Schatten liegenden Doppelportal unterschiedliche Lichteffekte hervor.

46-47 ■ Die Freiheitsstatue durch das Netz aus vertikalen Abspannseilen und diagonalen Trossen gesehen.

1872 befiel Washington Roebling die Taucherkrankheit, als er die Ausschachtungsarbeiten unter Wasser im Druckluftkasten verfolgte. Damals waren die Folgen dieser Krankheit kaum bekannt. Viele Männer, die davon betroffen waren, blieben gelähmt, einige starben sogar. Roebling, selbst gelähmt, ließ die Ausschachtungsarbeiten beenden, man hatte auch die notwendige Tiefe erreicht. Er leitete die Arbeiten vom Fenster seiner Wohnung aus. Der Bau der Brücke dauerte 14 Jahre und wurde von weiteren schweren Unglücksfällen überschattet, bei denen viele Arbeiter starben.

Am 23. Mai 1883 wurde die Brücke schließlich eingeweiht. Ihre Spannweite war die größte bis dahin gebaute – diesen Rekord hielt die Brooklyn Bridge bis 1903. Das Aussehen der Brücke ist in der ganzen Welt bekannt: Das über einen Kilometer lange rechteckige Tragwerk hängt an vier Seilen, deren Enden von zwei Granittürmen in neugotischem Stil gehalten werden. Sie stehen 487 m voneinander entfernt und erheben sich 99 m über den Wasserspiegel. Die beiden parallelen, dreispurigen Straßen der Brücke führen durch ein Doppeltor mit Spitzbogen. Heute wird die Brooklyn Bridge für Eisenbahn- und Straßenverkehr und als Fußgängerbrücke genutzt.

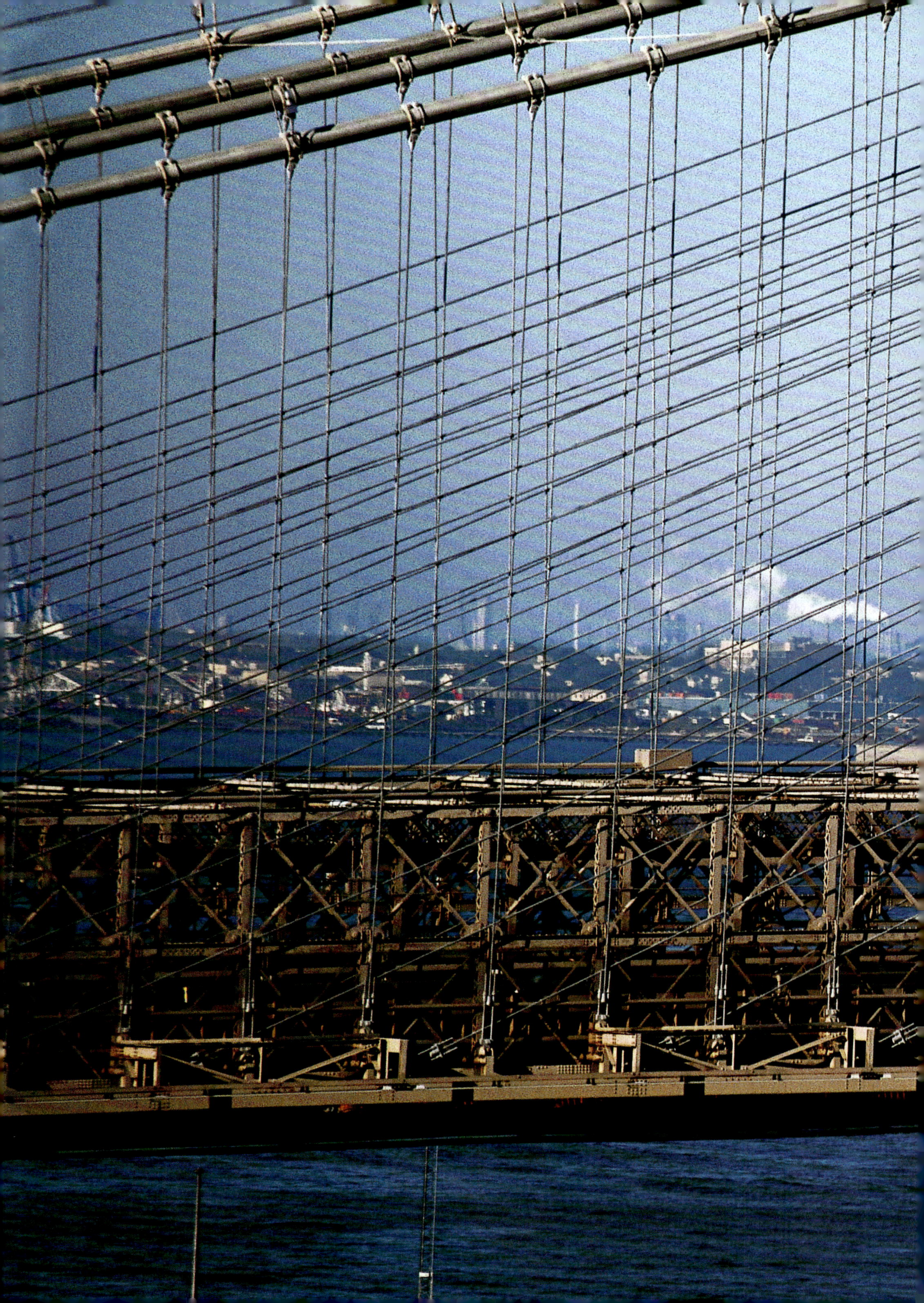

BROOKLYN

47

48 ■ Die leichte, aber feste Konstruktion des Garabit-Viadukts bietet dem Wind kein Hindernis und konnte in kürzester Zeit errichtet werden.

48-49 ■ Der Mittelbogen verjüngt sich zu den Endpunkten hin und endet in zwei sehr breiten Quergelenken. So wird seine Standfestigkeit an den Seiten verstärkt.

49 unten ■ Der Brückeningenieur Alexandre-Gustav Eiffel wurde später durch zwei Ausnahmebauwerke berühmt: Die Freiheitsstatue und den Eiffelturm.

GARABIT-VIADUKT

ÜBER DIE TRUYÈRE BEI SAINT-FLOUR, CANTAL (FRANKREICH)

Für die Eisenbahnlinie Béziers–Clermont Ferrand wurde 1878 eine neue Trasse festgelegt. Von zwei möglichen Verläufen wurde derjenige ausgesucht, der vorteilhafter zu sein schien, aber große technische Probleme mit sich brachte. Man entschied sich für den schwierigeren Weg. Dass das Vorhaben kühn, aber nicht unrealistisch war, schien ein Präzedenzfall zu belegen: Ein Jahr davor hatte Eiffel einen Bogen von 160 m Spannweite über den Douro bei Porto gebaut. Die staatliche Verwaltung glaubte jedoch, nur Eiffel könnte den Bau verwirklichen und gab ihm direkt den Auftrag. Das verstieß gegen die Vorschrift zur öffentlichen Ausschreibung.

Alexandre-Gustave Eiffel (1832–1923) hatte seine Berühmtheit nicht erst durch den Bau der Dourobrücke erworben, sie beruhte auf einer bedeutenden Abhandlung über Materialien für den Metallbau, die er schon zehn Jahre früher verfasst hatte, und auf seiner Stellung als Eigentümer der von ihm gegründeten Société de Constructions de Levellois-Perret. Dieses Unternehmen hatte schon zahlreiche bedeutende Bauten errichtet, darunter die Stahlviadukte von Sioul und Neuvial und baute später den berühmten Eiffelturm in Paris.

Standort	Entwurd	Länge – Grösste Spannweite	Typ	Bauzeit
Saint-Flour, Cantal (Frankreich)	Alexandre-Gustave Eiffel	447 m 165 m	Stahlbogenbrücke	1880–1884

Der Garabit-Viadukt überspannt mit seiner Stahlgitterkonstruktion in mehr als 120 m Höhe das Tal mit einem sichelförmigen Bogen von 165 m Spannweite und 52 m Pfeilerhöhe. Der 447 m lange Balken besteht aus unabhängig voneinander montierten Trägern: So werden eventuelle Verformungen durch darüber fahrende Züge verhindet.

Der Viadukt ruht auf Metallpfeilern aus Gitterwerk in Form abgeflachter Pyramiden. Die höchsten Pfeiler stehen unter den Widerlagern des Bogens. Der Mittelteil des Viadukts liegt in der Mitte auf dem Bogen auf und wird seitlich davon von zwei Pfeilern gestützt.

Dieses Bauwerk ist – elegant und leicht gegenüber traditionellen Konstruktionen aus Mauerwerk und Holz – eine absolute Neuerung und eins der berühmtesten Werke der Ingenieurskunst der zweiten Hälfte des 19. Jahrhunderts. Deutlich erkennt man seine statischen Funktionen.

Garabit-Viadukt

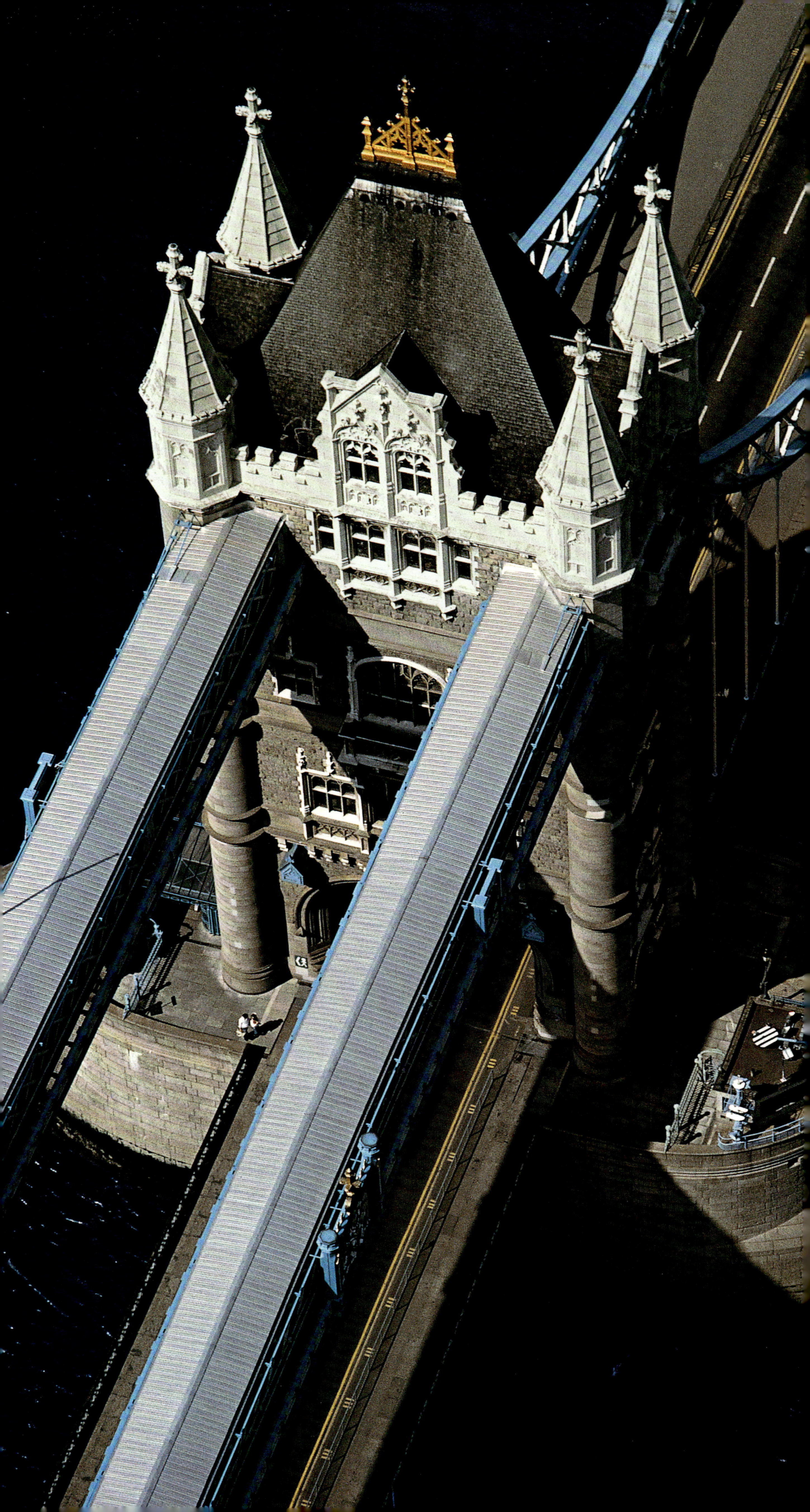

Tower Bridge

ÜBER DIE THEMSE
IN LONDON (GROSBRITANNIEN)

Schon seit etwa 1875 bestand die Notwendigkeit, im östlichen Teil Londons eine neue Brücke zu bauen. Im folgenden Jahrzehnt wurde die Angelegenheit dringend, denn durch das starke Wachstum der Stadt war der Verkehr auf der London Bridge untragbar geworden (1882 überquerten jeden Tag im Durchschnitt 22.242 Fahrzeuge und 110.525 Menschen die Brücke). Dem Bedürfnis, weiter themseabwärts einen Übergang zu bauen, standen die Interessen des Hafenbetriebs entgegen. Eine Brücke über den benachbarten Flussabschnitt hätte den Schiffsverkehr behindert.

Horace Jones löste dieses Problem. Bei seinem Entwurf einer Hängebrücke war die Straßenebene in der Mitte quergeteilt; die Teile konnten mit einem Rollsystem über zwei horizontale Scharniere an den äußeren Enden hochgeklappt werden. So konnten auch Schiffe passieren, die höher als die Brücke waren. Der Entwurf wurde angenommen und nach John Wolfe-Barrys Berechnungen ausgeführt.

Die weltberühmte Tower Bridge besteht aus drei Abschnitten, die von zwei 63 m hohen Türmen geteilt werden. Der mittlere Abschnitt lässt sich öffnen und schwingt nach oben. Die Seitenteile hängen an einem umgekehrten Bogen aus einem Netz aus Stahlstreben. An den 43,6 m hohe Türmen,

50 ■ Unter der Steinverkleidung, die den Turm wie einen alten Festungsturm wirken lässt, verbirgt sich eine Trägerkonstruktion aus Stahl, in der auch der Klappmechanismus der Brücke untergebracht ist.

51 ■ Die Tower Bridge ist die erste Londoner Brücke flussaufwärts. Um dem Schiffsverkehr Zugang zum Hafengebiet zu ermöglichen, hat man sie so gebaut, dass sie sich öffnen lässt.

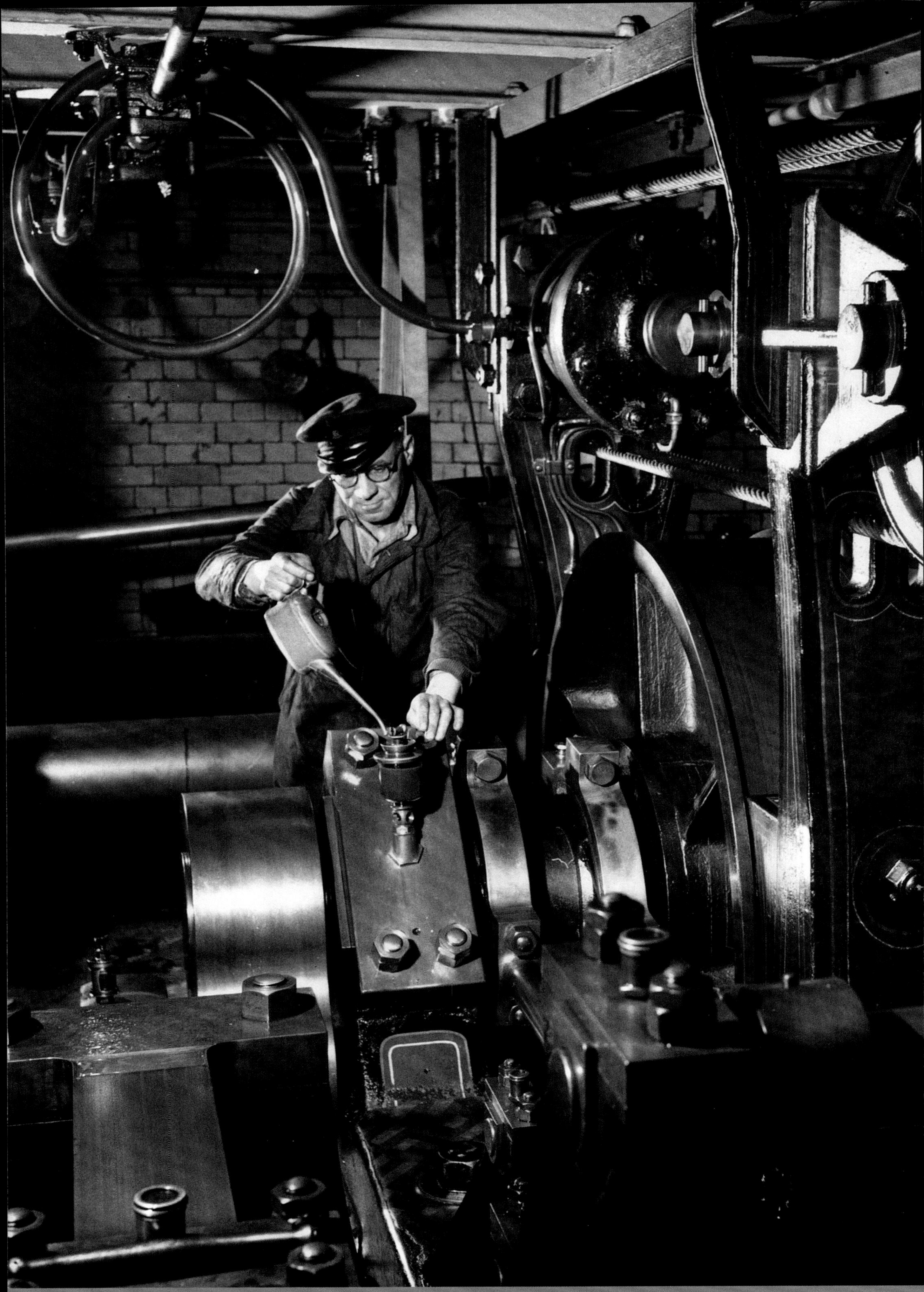

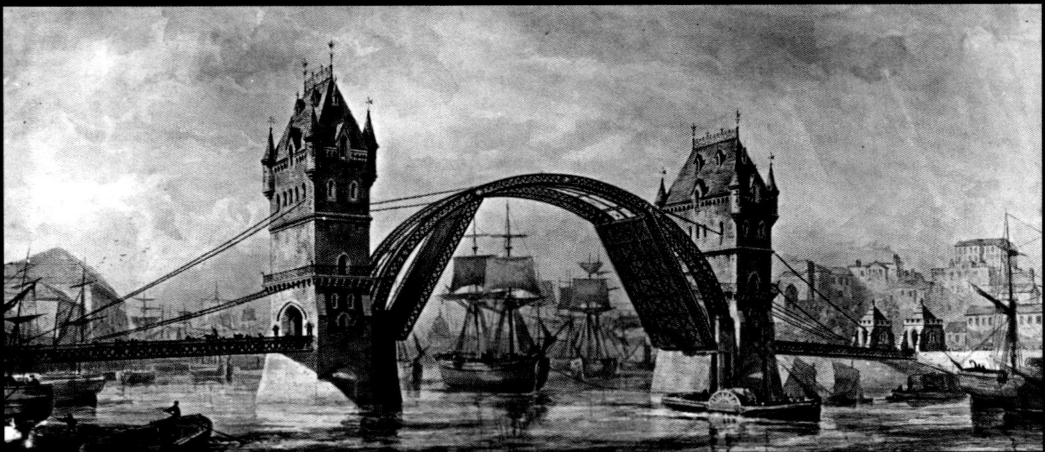

die an den Außenseiten der Brücke stehen, sind die Aufhängungen für die Brückenbalken befestigt. Die beiden höheren Türme sind in 43 m Höhe durch zwei gitterartige Metallkonstruktionen verbunden, sie werden als Fußwege genutzt und nehmen überdies die Belastung der Zugbänder auf. Die Brückentürme haben ein Stahlskelett und sind mit Granit aus Cornwall und mit Portland-Stein verkleidet.

Der Schwingmechanismus für die beiden Klappen der Zugbrücke sitzt in den höheren Türmen. Dieses seinerzeit neuartige System besteht aus einer Hydraulik und einem riesigen zahnradartigen Bogen mit einem Triebrad.

1887, nach Horace Jones Tod, ging die Verantwortung für die Arbeiten ganz auf John Wolfe-Barry über. Er nahm jetzt auch Veränderungen in der künstlerischen Gestaltung vor. Als der Bau fertiggestellt war, merkten die Londoner, dass sie nicht mehr dem Entwurf von Jones entsprach. Das Gesamt-

52-53 ■ Ein Arbeiter schmiert den Motor, der die Hydraulik unter Druck hält, mit der die Brücke bewegt wird.

52 unten ■ Ein erster Brückenentwurf von Horace Jones sah einen Bogen für den Mittelteil der Brücke vor.

53 oben ■ Der Bau der Brücke unterbrach den Schiffsverkehr zum Hafen nicht.

53 unten ■ Am 30. Juni 1884 wurde die Brücke im Beisein der Königsfamilie feierlich eröffnet.

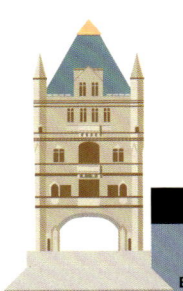

STANDORT	ENTWURF	LÄNGE – GRÖSSTE SPANNWEITE	TYP	BAUZEIT
LONDON (GROSS-BRITANNIEN)	HORACE JONES UND JOHN WOLFE-BARRY	286,5 M 82 M	ZUG-BRÜCKE	1886–1894

54-55 ■ Tragwerk und Verzierungen des Brückengeländers werden durch starke Farbeffekte in Rot, Weiß und verschiedenen Blautönen hervorgehoben.

54 unten ■ Die oberen Fußgängerstege können auch bei geöffneter Brücke benutzt werden. Sie haben eine statische Funktion und dienen als Verstrebungen.

bauwerk mit seinen viktorianischen Türmen hatte sich stark vom neugotischen Entwurf entfernt. Es gab öffentliche Proteste und die Presse sparte nicht mit Kritik.

Aber die Brücke und ihr tadelloses Funktionieren waren seine beste Verteidigung. Die beiden Schwingklappen – Gewicht ca. 1000 Tonnen – öffneten oder schlossen sich in nur anderthalb Minuten, liefen ordnungsgemäß und waren über Jahrzehnte ununterbrochen in Betrieb. Diese Ergebnisse rehabilitierten Wolfe-Barry und retteten seinen Ruf.

Sehr bald wurde die Tower Bridge ein Wahrzeichen Londons und eine Touristenattraktion – das ist sie bis heute. Täglich fahren 150.000 Autos über die Brücke, die immer noch 900-mal im Jahr geöffnet werden muss.

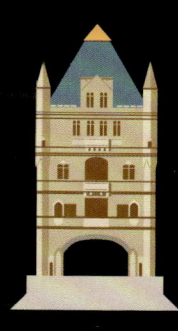

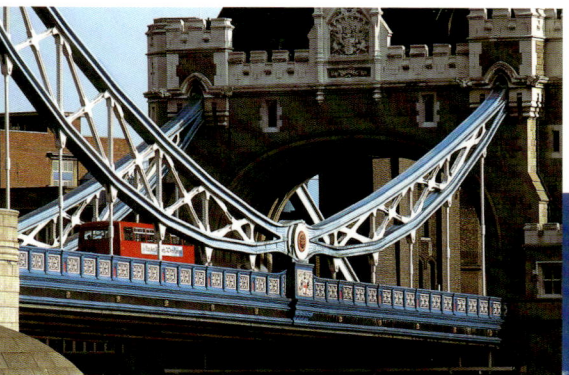

TOWER BRIDGE

55 unten links ■ Die äußeren Türme sind niedriger als die beiden Mitteltürme. Sie halten die Endpunkte des wie ein umgedrehter Bogen geformten Tragwerks.

55 unten rechts ■ Die beiden beweglichen Teile der Brücke verfügen über ein großes Gegengewicht im Innern der Türme.

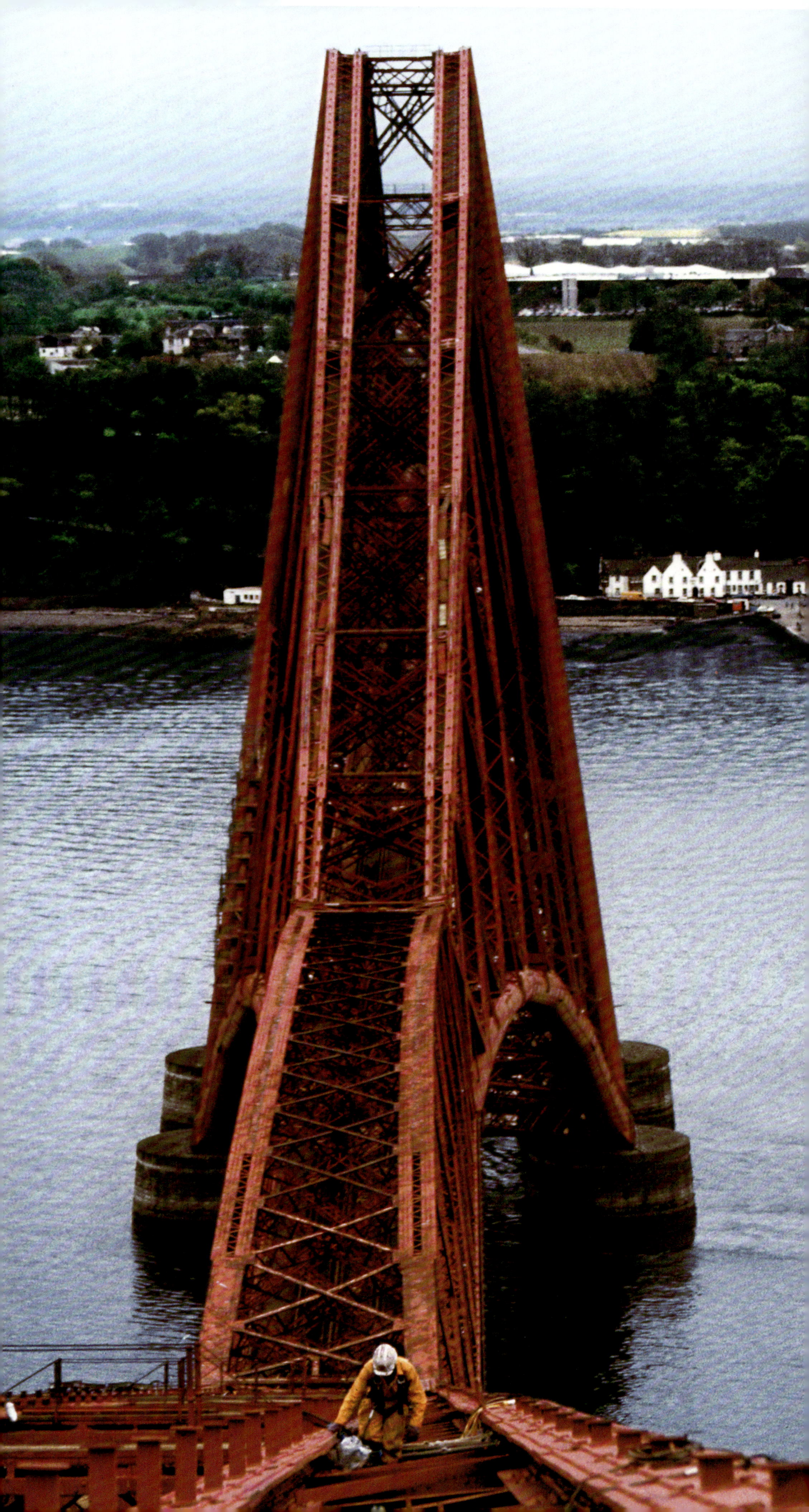

Forth Rail Bridge

über den Firth of Forth bei Edinburgh, Schottland (Grossbritannien)

Die Eisenbahnbrücke über den Firth of Forth wurde kurz nach dem Einsturz der Brücke über den nahe gelegenen Tay gebaut. Es ist also verständlich, dass die Planer beim Entwurf und besonders bei den Berechnungen sehr vorsichtig waren. Sie entschieden sich für eine isostatische Struktur, bei der eventuelle Absenkungen oder Konstruktionsfehler keine Folgen haben würden. Für ihre Berechnungen nahmen sie möglichst schlechte Bedingungen an und sorgten für strenge Sicherheitsvorkehrungen. So entstand eine wuchtige und teure Konstruktion, die heute noch wegen ihres imposanten Eindrucks bewundert wird.

Der Entwurf stammt von John Fowler (1817–1898) und Benjamin Baker (1840–1907) – zwei Ingenieuren, die schon früher bedeutende Bauten im Auftrag der englischen Regierung errichtet hatten – und folgt dem so genannten Typ Gerber, den Heinrich Gerber schon beim Bau einiger großer Brücken in Deutschland erprobt hatte. Die Brücke über den Firth of Forth besteht aus drei riesigen 110 m hohen Balkenträgern, die auf quadratischen Granitfundamenten stehen. Jedes Fundament trägt zwei symmetrische, 208 m lange Konsolen. Auf den Außenseiten liegen die 105 m langen Mittelstücke, dadurch erreicht jeder Bogen eine Spannweite von 521 m. Auf beiden Seiten der Brücke verläuft ein weiterer, von Granitpfeilern gestützter Träger. Die Gesamtoberfläche der Metallteile dieses gigantischen Bauwerks beträgt 18 Hektar.

56 ■ Die Brücke – eine der wuchtigsten Konstruktionen, die je gebaut wurden – hat sehr breite Pfeiler: Sie sollten verhindern, dass die Windkräfte den Bau von der Seite her umstürzen ließen, wie das mit der nahe gelegenen Brücke über den Tay passiert war.

57 ■ Neben der alten Eisenbahnbrücke wurde 1964 eine Hängebrücke für den Autoverkehr gebaut, die ein wenig oberhalb der Forth-Mündung steht.

Die unteren Druckglieder sind Röhren mit einem Durchmesser von 3,6 m. Die Spannweite der Bogen stellte damals einen Rekord für diesen Konstruktionstyp dar, der erst 1917 mit dem Bau der Brücke über den St. Lorenzstrom bei Quebec knapp überholt wurde.

Das Schema des Gerber-Auslegers hat Kaichi Watanabe, Bakers Assistent, überzeugend illustriert. Er stellte mit seinem Körper den Mittelteil der Brücke dar, das auf den beiden Konsolen aufliegt. Zwei Männer saßen an den Seiten und hielten mit ausgestreckten Armen (für die Zugseile) zwei starre Teile (die Stützen), die den Druckgliedern der Konsolen entsprachen. Jede der an den Seiten eingehängten Lasten wog etwa die Hälfte des Mittelteils; sie stellte die Wirkung des danebenliegenden Trägers dar, der auf dem entgegengesetzten Ende jeder Konsole aufliegt.

Beim Bau der Forth Bridge starben viele Arbeiter. Das geschah in dieser Zeit sehr oft und wurde damals für normal gehalten. Die Brücke wurde am 4. März 1890 eingeweiht.

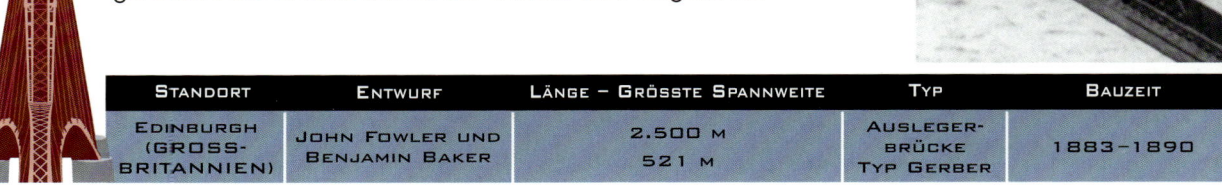

Standort	Entwurf	Länge – Grösste Spannweite	Typ	Bauzeit
Edinburgh (Gross-Britannien)	John Fowler und Benjamin Baker	2.500 m 521 m	Ausleger- brücke Typ Gerber	1883–1890

58 oben ■ Der Bau wurde gleichzeitig von den drei Pfeilern ausgehend begonnen – mit den Teilen, die symmetrisch nach außen ragen.

58 unten und 59 Mitte und unten ■ Die Abbildungen von 1890 zeigen die Konstruktion und wie Bakers Assistenten sie symbolisch darstellten.

58-59 ■ Die Brücke muss ständig angestrichen und gewartet werden. Dazu braucht man selbstverständlich Arbeitskräfte, die absolut schwindelfrei sein müssen.

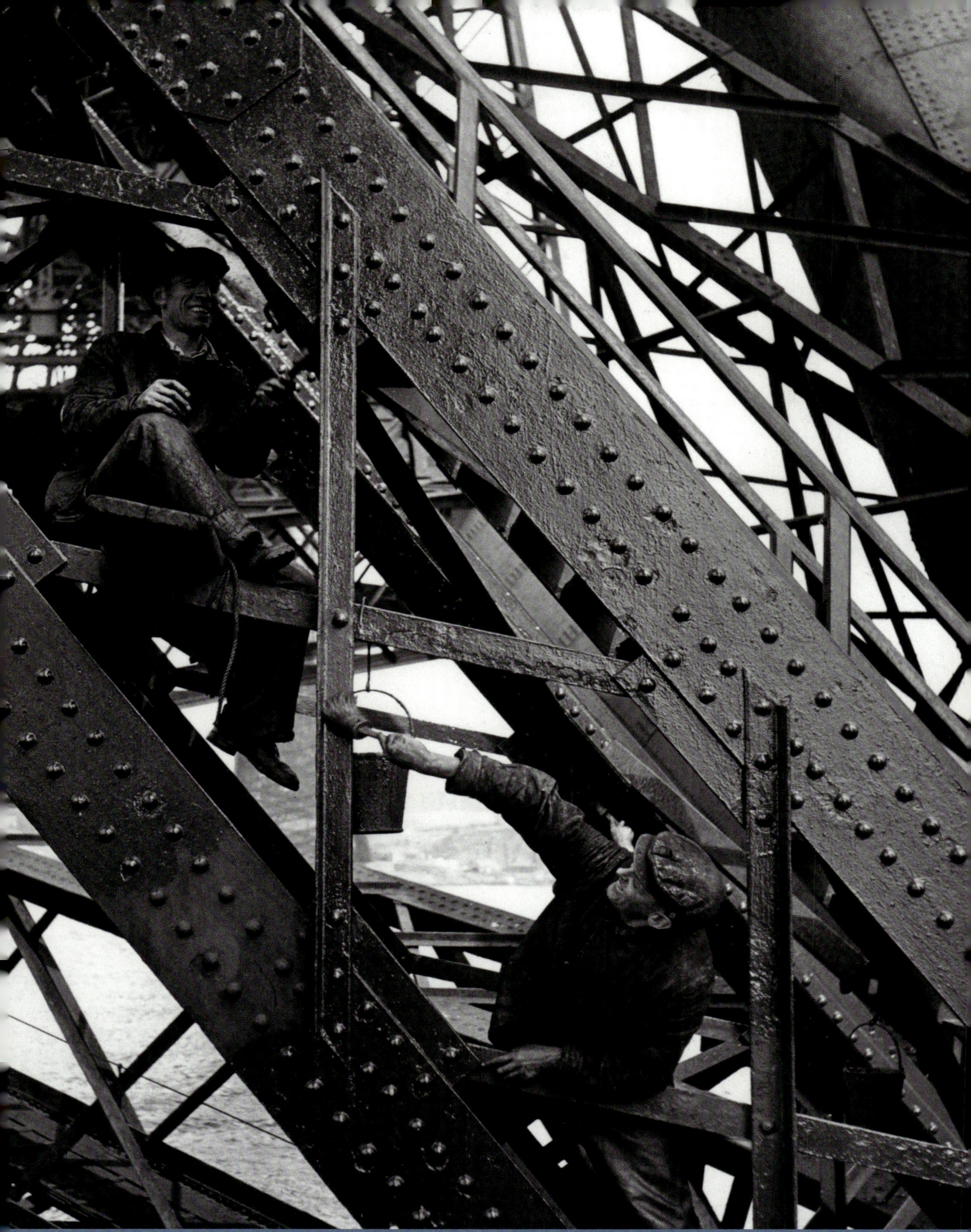

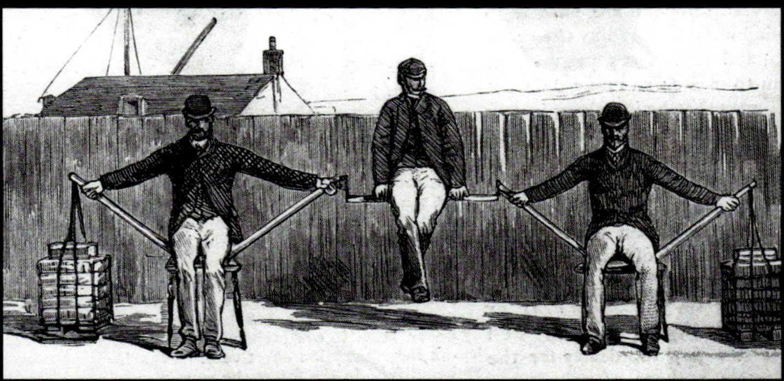

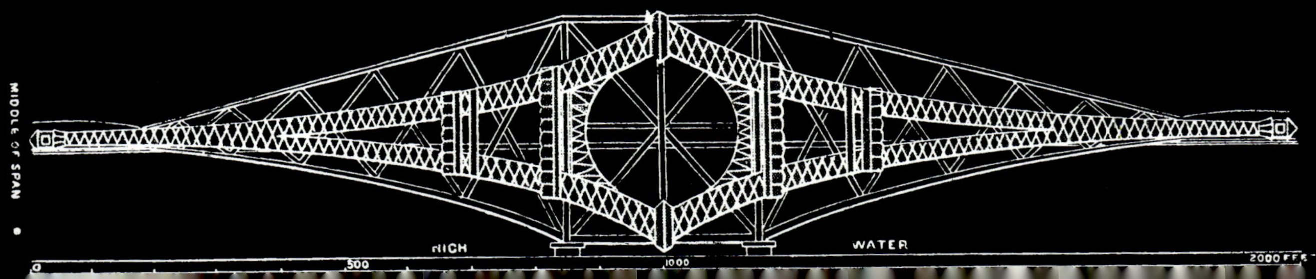
MIDDLE OF SPAN
WATER
0
500
1000

FORTH RAIL BRIDGE

60-61 oben ■ Die Konstruktion ist ein kompliziertes, riesiges Zusammenspiel aus Zug- und Druckstreben. Im Verhältnis dazu wirken Gewicht und Ausmaße des darüber fahrenden Eisenbahnzuges unbedeutend.

60-61 unten ■ Im direkten Vergleich mit den Ausmaßen der Brücke wirken die Segelschiffe wie Spielzeug. Im Dämmerlicht des Sonnenuntergangs scheint sich die rote Farbe der Brücke über den Himmel zu verteilen.

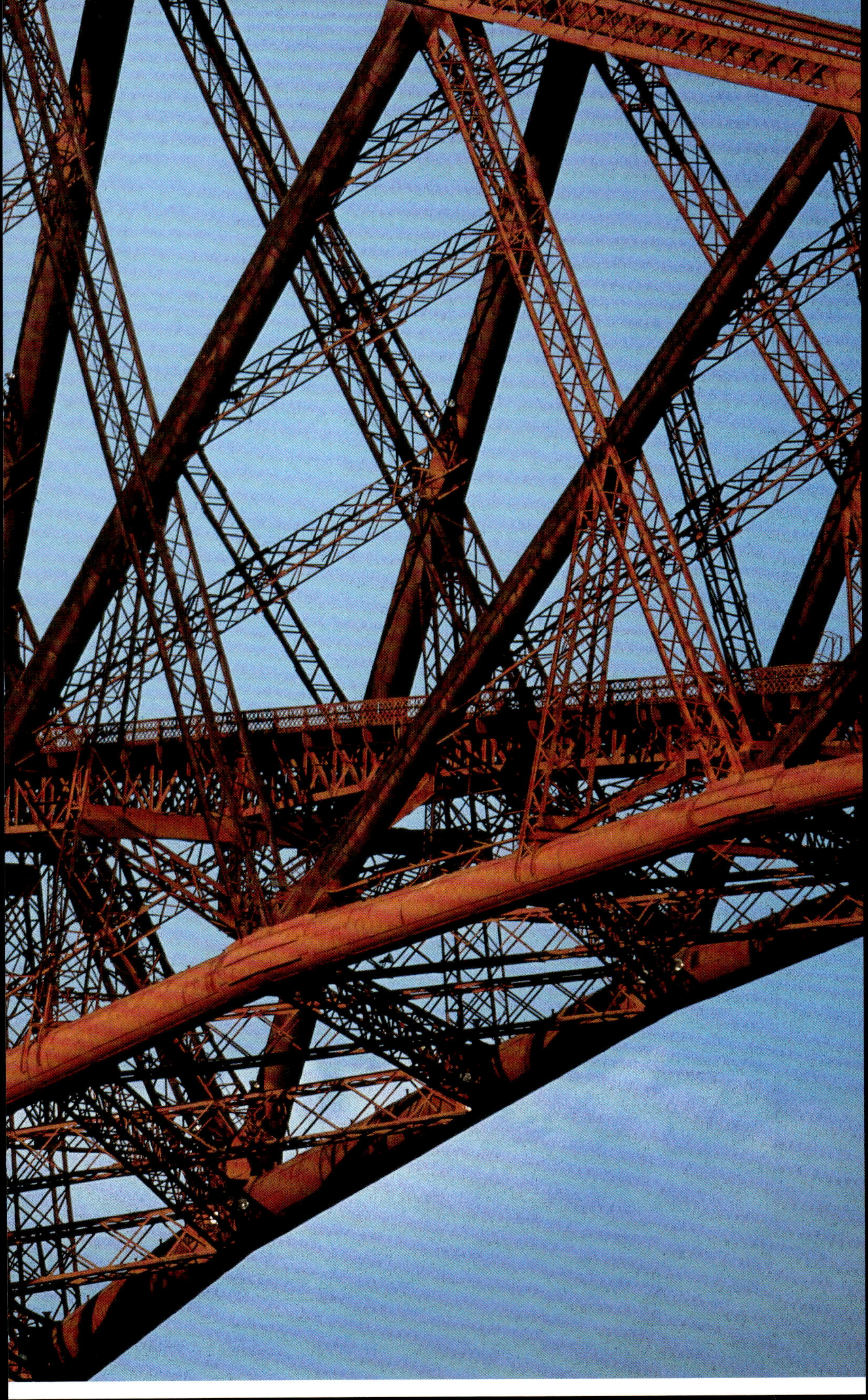

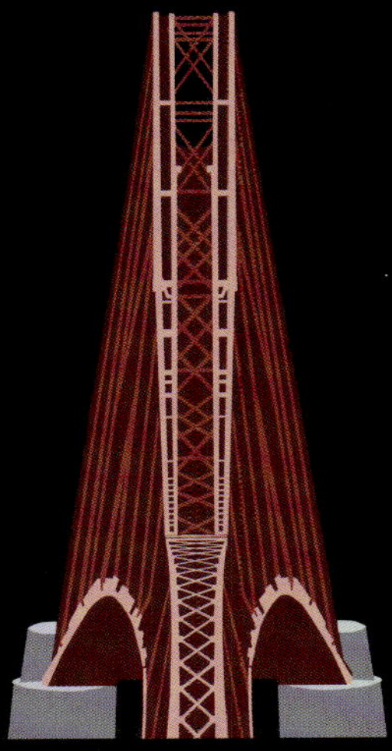

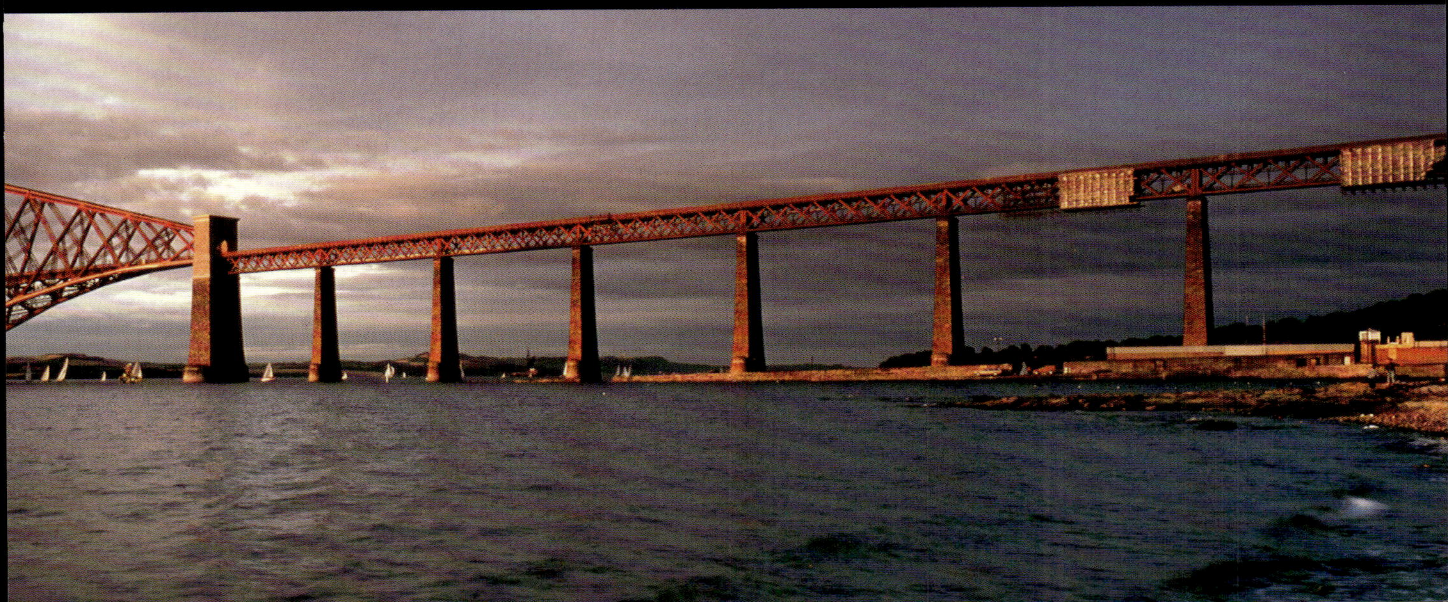

Pont Alexandre III

über die Seine in Paris (Frankreich)

Der Pont Alexandre III wurde anlässlich der Weltausstellung im Jahr 1900 errichtet, weil die Pavillons auf dem linken Seineufer mit den Ausstellungsgebäuden auf der anderen Seite verbunden werden mussten. Man wollte eine dekorative und imposante Brücke, die jedoch nicht den Blick auf den Invalidendom verstellte. Dazu kam der Schiffsverkehr: Er wäre an dieser Stelle – kurz unterhalb einer Flussbiegung und in der Nähe des Ponts des Invalides – sicher von Brückenpfeilern behindert worden. Deshalb musste die Brücke aus einem einzigen Bogen bestehen. Gemeinsam mit den Architekten Bernard Cassiet und Gaston Cousin legten die Ingenieure Jean Résal und Amédée Alby einen Entwurf vor, der allen Anforderungen genügte. Am 7. Oktober 1896 legte der russische Zar Nikolaus II. während einer pompösen Feier, einem Be-

62-63 ■ Die Lust an der Verzierung, die viele Brücken des späten 19. und frühen 20. Jahrhunderts auszeichnet, übertrifft in Gestalt des Pariser Pont Alexandre III jede Vorstellungskraft.

weis der neuen Freundschaft zwischen Frankreich und Russland, den Grundstein zur Brücke, die nach dem verstorbenen Zaren Alexander III. benannt wurde.

In den ersten Monaten des Jahres 1897 begann man mit dem Bau und die Brücke wurde rechtzeitig fertig, um sie zur Eröffnung der Weltausstellung einzuweihen.

Sie überspannt die Seine mit einem stark abgeflachten Bogen von 107 m Spannweite. Die Konstruktion besteht aus 15 parallel stehenden Dreigelenkbögen. Sie wurden aus schmiedeeisernen Teilen vor Ort zusammengeschweißt. Das Brückendeck aus Stahlblech ist 40 m lang.

Neben der außergewöhnlichen Länge fallen dem Betrachter besonders die üppigen Verzierungen auf; hier wurde eine Tendenz gleichsam auf die Spitze getrieben, die vielen Brücken dieser Zeit eigen ist.

Die Lust an der Verzierung sieht man schon im Entwurf, in dem ein Statikproblem mit vier schweren gemauerte Pfeilern an den Widerlagern gelöst wird. Sie halten mächtige Statuen, auch ihre Giebelfelder sind reich verziert.

Die Vielfalt und Fülle der Brückenaufbauten ist das Werk zahlreicher Künstler. Die beiden Bronzestatuen „Seine-Nymphen" und „Nymphen der Newa", die an den Schlusssteinen der Brückenfassaden angebracht sind, stammen von Georges Récipon, die allegorischen Darstellungen aus vergoldeter Bronze auf den Brückenpfeilern von drei verschiedenen Künstlern:

„Ruhm und Wissenschaft" und „Ruhm und Kunst" auf der rechten Seite von Emmanuel Fréminet; auf der linken Seite sieht man, „Ruhm und Handel" von Pierre Granet und „Ruhm und Industrie" von Clément Steiner. Die Marmorstatuen an den ohnehin schon überladenen Brückenfundamenten stammen von den Bildhauern Gustave Michel, Alfred Lenoir, Jules Coulant und Laurant Marqueste.

Allerdings ist zu bemerken, dass sich die prunkvolle Brücke trotz aller Kritik seitens der Anhänger des Funktionalismus des 20. Jahrhunderts gut in das prächtige barocke Stadtbild von Paris zwischen dem Park der Champs-Èlysées und der Esplanade des Invalides einfügt.

64 ■ Zahlreiche Bronzestatuen am Fuß der vier Hauptpfeiler oder an den Endpunkten der Geländer stellen Putten dar, die mit Fischen spielen.

64-65 ■ Die allegorischen Bronzefiguren auf dem Schlussstein unterhalb des Brückendecks – „Nymphen der Newa" – halten das russische Wappen.

65 unten ■ 28 Laternen auf dem Geländer und vier Laternen an den Aufgängen beleuchten die Brücke; im Hintergrund sieht man den angestrahlten Invalidendom.

Standort	Entwurf	Länge – Grösste Spannweite	Typ	Bauzeit
Paris (Frankreich)	Jean Résal und Amédée Alby	115 m 107 m	Bogenbrücke	1897–1900

65

Die Geburt des Stahlbetons

▲ Harbour Bridge    ▲ Golden Gate Bridge    ▲ Victoria Falls Bridge

▲ Golden Gate Bridge   ▲ Harbour Bridge, 1930

ENDE des 19. Jahrhunderts wurde eine neue Technik erfunden, der Stahlbetonbau. In Frankreich hatte der Gärtner Joseph Monier seit 1849 zum Bau von Blumenkästen Beton mit Stahlplättchen ausgerüstet. 1873 meldete er ein Patent an, weil er seine Methode auch für bedeutendere Konstruktionen verwenden wollte, und erhielt das Patent auch für kleine Bogenbrücken.

1892 ließ sich ein weiterer „Mann der Praxis", der Bauunternehmer François Hennebique, eine neue Methode für die Verwendung von Stahlbeton patentieren. Er hatte als Steinschleifer und -schneider begonnen. Sein Verfahren siegte schließlich über jede andere Methode.

Am Beginn des 20. Jahrhunderts verbreitete sich die neue Technik in ganz Europa. In akademischen Kreisen zwar nicht akzeptiert, begann man aber, ihre großartigen Möglichkeiten anzuerkennen und ahnte, welche Anwendungsbereiche sich boten.

Damals ließ man sich bei der Planung von Stahlbetonkonstruktionen mehr von Intuition und Erfahrung als von konkreten Berechnungen leiten. Wie in anderen Disziplinen ging die Praxis der Theorie voraus. Wissenschaftler führten in den ersten Jahrzehnten des 20. Jahrhunderts Experimente mit dem neuen Material durch und konnten auf diese Weise stichhaltige Hypothesen über den Weg genauer Berechnungen aufstellen.

Für den Bau von Brücken und großen Überdachungen begann eine fruchtbare Epoche, die von der Konkurrenz zwischen Bauten aus Stahlbeton und Stahlkonstruktionen geprägt war.

Die erste Hälfte des 20. Jahrhunderts

Standort	Entwurf	Länge – Grösse Spannweite	Typ	Bauzeit
Victoriafälle (Simbabwe)	John R. Freeman	205 m 156,5 m	Stahlbogen-brücke	1903–1905

Victoria Falls Bridge

über den Sambesi (Simbabwe)

Die Brücke über die Victoriafälle war Teil des Eisenbahnprojekts Kapstadt-Kairo, das aus politischen und wirtschaftlichen Gründen nicht verwirklicht wurde. Die Brücke überquert den Sambesi gleich unterhalb der Wasserfälle, die heute zum Nationalpark Mosi-oa-Tunya gehören. Sie sind 2.500 km von Kapstadt entfernt. Auf der Bahnstrecke, die dorthin führt, verkehrte in den ersten Jahrzehnten des 20. Jahrhunderts zweimal in der Woche ein Luxuszug.

Cecil John Rhodes, Vorsitzender der British South Africa Company, legte fest, dass die Brücke so nah wie möglich bei den Wasserfällen gebaut werden sollte, damit die Reisenden ein unvergleichliches Schauspiel genießen und gleichzeitig das großartige Gefühl erleben konnten, in eine Nebelwolke einzutauchen. Diese Idee war umstritten, weil zum einen der Standort für den Bau nicht gerade ideal war, zum anderen weil die riesige Metallkonstruktion als ein Eingriff in die natürliche Umgebung angesehen wurde, der so nicht zu akzep-

70 ■ In den Dreißigerjahren konnten die Touristen, wenn sie die Wasserfälle erreichten, beobachten, wie der Dampf der Lokomotiven mit der Nebelwolke über den Wasserfällen wetteiferte.

70-71 ■ Der herrliche, weite Bogen der Metallgitterkonstruktion, von Menschenhand geschaffen, wirkt im Vergleich mit der erhabenen Größe der Landschaft wie ein Spielzeug.

tieren war. Schließlich aber wurde die Brücke sogar Teil der Landschaft. Sie überquert das tiefe Tal des Sambesi in einer Höhe von 128 m ü. M. mit einem Bogen von 156,5 m Spannweite. Heute nutzt man sie auch zum Bungeejumping.

John R. Freeman entwarf eine Konstruktion aus einem Stahlgitterträger, der untere Teil ist ein parabelförmig gekrümmter Bogen, der an den Seiten mit einem Scharniermechanismus festgemacht ist. Das Brückenfundament aus Beton wurde mit Stahlstäben verstärkt. An den Außenflügeln war der Brückenbalken 32 m und im Mittelteil 5 m hoch.

Der Bauleiter George Camille Imbault musste beachtliche Probleme lösen, die mit dem Standort zusammenhingen. Für den Materialtransport musste man sogar eine Schwebebahn zwischen beiden Ufern bauen. Da man mit dem Bau des Bogens von beiden Seiten gleichzeitig begann, war es nötig, provisorische Zugseile anzubringen, um die Teile zu verbinden. Aus Sicherheitsgründen brachte man unterhalb des Arbeitsbereiches ein riesiges Netz an, das aber bald entfernt wurde. Die Arbeiter schätzten es nicht, es mache sie nervös.

Erst im Mai 1904 begann – nach Verzögerungen bei der Materiallieferung – der Bau, doch man kam schnell voran. Am 1. April 1905 wurden die letzten Bogensegmente miteinander verbunden. Zur Erprobung der Brücke fuhr ein 612 t schwerer Zug mit 23 km/h darüber. Dabei senkte sich der Mittelteil der Brücke um 2,5 cm ab.

Standort	Entwurf	Länge – Grösste Spannweite	Typ	Bauzeit
Graubünden (Schweiz)	Robert Maillart	145 m / 90 m	Bogenbrücke	1930

Salginatobel-Brücke

über das Salginatal zwischen Schiers und Schuders, Graubünden (Schweiz)

Die Salginatobel-Brücke ist der Höhepunkt von Robert Maillarts (Bern 1872 – Genf 1940) Brückenbaukunst. Er kann als ein Pionier auf dem Gebiet des Stahlbetonbaus angesehen werden, obwohl diese Konstruktionstechnik bereits bekannt war, als er damit zu arbeiten begann. Damals setzte man die beiden patentierten Verfahren der Autodidakten Joseph Monier und François Hennebique ein. In den Ingenieursschulen wurde Stahlbeton noch nicht wissenschaftlich erforscht, Fortschritte waren das Ergebnis von Erfahrungen und Intuition. Man verdankt die in den folgenden Jahrzehnten erreichten Verbesserungen des Hennebique-Verfahrens aber nicht nur dem unbestrittenen Genie seines Erfinders, sondern auch dem Einsatz der Ingenieurgruppen, die direkt oder indirekt für das Pariser Unternehmen oder seine zahlreichen europäischen Tochterfirmen arbeiteten.

Robert Maillart machte seine Karriere unabhängig vom Bauriesen Hennebique. Er besuchte die technische Hochschule in Zürich und erhielt dort 1894 seinen Abschluss. Nach einer Ausbildungszeit bei Pümpin und Herzog in Bern wurde er leitender Ingenieur der Stadt Zürich. Mit Dreißig wurde er Bauunternehmer, um frei und selbstständig arbeiten zu können.

Der Ingenieur Maillart suchte nach einem Konstruktionsmodell, das gleichzeitig statische, optische und wirtschaftliche Anforderungen erfüllte. Er war der Überzeugung, dass die Möglichkeiten des Stahlbetons noch nicht genügend genutzt wurden und der Irrtum vieler Konstrukteure darin lag, dass sie immer noch an den althergebrachten Formen von gemauerten Brücken hingen und nicht merkten, dass Stahlbeton ihnen die Möglichkeit bot, diese zu überwinden. Man musste die Besonderheiten des neuen Materials berücksichtigen, über das Maillart schrieb:

72 ■ Die homogene Brückenkonstruktion Maillarts lebt vom Zusammenspiel von Bogen, Gerüst und schlanken, waagerechten Elementen.

72-73 ■ Die Brücke überspannt das tiefe Salginatal und mildert dessen Rauheit durch die weiche Eleganz seiner Konturen.

„Stahlbeton wächst nicht wie Holz, es wird nicht gewalzt wie Formeisen und hat keine Fugen wie Mauerwerk. Aber als Material, das in Form gegossen wird, lässt es sich wohl mit Gusseisen vergleichen. Von seinen besonderen Formen, die aus langer Erfahrung entstanden sind, seiner Art, von einem Konstruktionselement in ein anderes überzugehen, ohne harte Kanten, können wir viel lernen."

Seinen Überzeugungen folgend probierte Maillart neue Systeme aus, als er zwei Stahlbetonbrücken in der Schweiz baute: 1901 in Zug und 1905 in Tavanasa. Endlich hatte Maillart einen eigenen Stil gefunden. Das Neue daran kann man in zwei für den Bau wesentlichen Forderungen zusammenfassen: Die Brücke musste als ein Ganzes angesehen werden – Bogen und Gerüst sind ein Teil – und das Konstruktionsschema sollte von der Statik her sehr klar sein. Der Idealtyp war für ihn der Dreigelenkbogen.

Zunächst fand Maillarts Modell wenig Interesse. 25 Jahre später, beim Bau der Salginatobel-Brücke, wurde es ganz anders aufgenommen: Ingenieure und Architekten sahen in der Brücke ein nachahmenswertes Vorbild und man sprach von den „Maillart-Brücken" als Symbol für Eleganz, Funktionalität und Wirtschaftlichkeit. Das geschah 1930, Maillart war jetzt 58 Jahre alt.

Die Salginatobel-Brücke fügt sich unauffällig in die Landschaft ein. Sie überspannt die tiefe, waldreiche Salgina-Schlucht mit einem Bogen von 90 m Spannweite. Die Pfeiler (13 m) wurden wegen ihrer Schlankheit und Leichtigkeit bewundert. Am Scheitel verjüngt sich der Bogen auf 68 cm, wird dann verstärkt, geht fast in die Brückendecke über und verjüngt sich an den Endpunkten entsprechend der Statik. Durch den Verzicht auf alle überflüssigen Elemente, die den Bogen grundlos belastet hätten, schuf man Leerräume, denen der Bau seine Leichtigkeit verdankt.

Harbour Bridge

Über die Mündung des Paramatta, Sydney (Australien)

Vor dem Bau der Harbour Bridge war der Norden Sydneys am linken Ufer der Mündung des Paramatta praktisch vom Stadtzentrum abgeschnitten. Die beiden Stadtteile waren nur durch eine lange Fahrt mit der Eisenbahn oder mit dem Auto zu erreichen, die über fünf Brücken führte.

Ideen eines Übergangs zwischen Dawes Point und Wilson Point waren seit Mitte des 19. Jahrhunderts im Gespräch. In den folgenden 50 Jahren wurden mehr als 24 Brückenpläne und sogar ein Tunnelentwurf vorgelegt. Als man sie 1904 prüfte, wurden sie ausnahmslos verworfen.

John Job Crew Bradfield (1867–1943), Australier und Chefingenieur des Amtes für Öffentliche Bauten nahm sich des Problems an. Er erstellte einen grundsätzlichen Plan, aufgrund dessen die Bedingungen für den 1922 ausgeschriebenen „Internationalen Wettbewerb für eine Bogenbrücke mit granitverkleideten Brückenportalen an den Endpunkten" zusammengestellt wurden. Ihn gewann das englische Unternehmen Dorman Long & Co aus Middlesbrough mit dem Entwurf des Londoner Ingenieurs Sir Ralph Freeman. Der Bau wurde 1926 unter Bradfields Leitung begonnen und 1932 beendet.

74-75 ■ Majestätisch überspannt die Harbour Bridge die breite Paramatta-Mündung und verbindet so den Norden der Stadt mit dem Stadtzentrum und der modernen Architektur des Opernhauses.

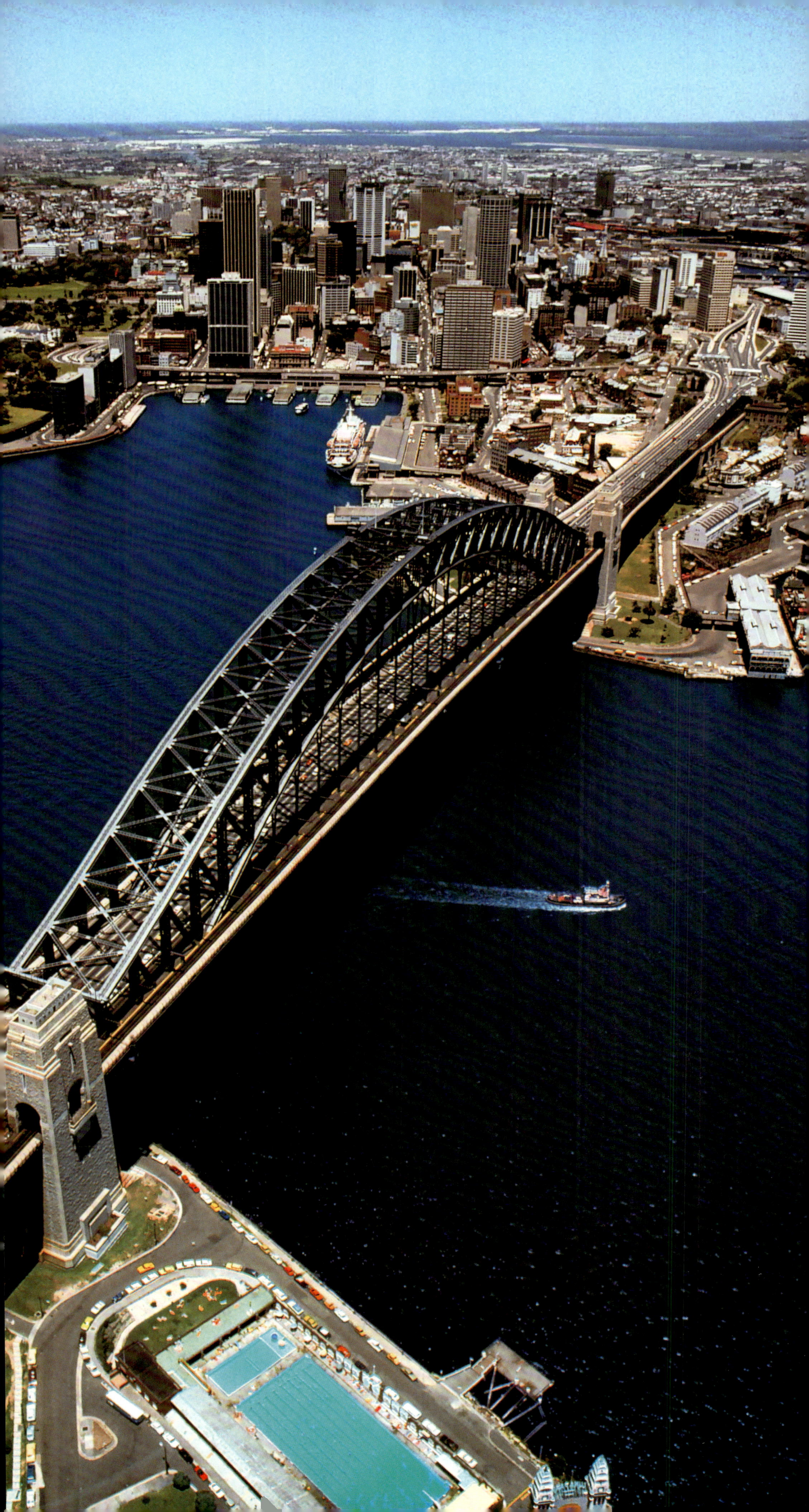

Der Bogen wird aufgerichtet

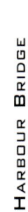

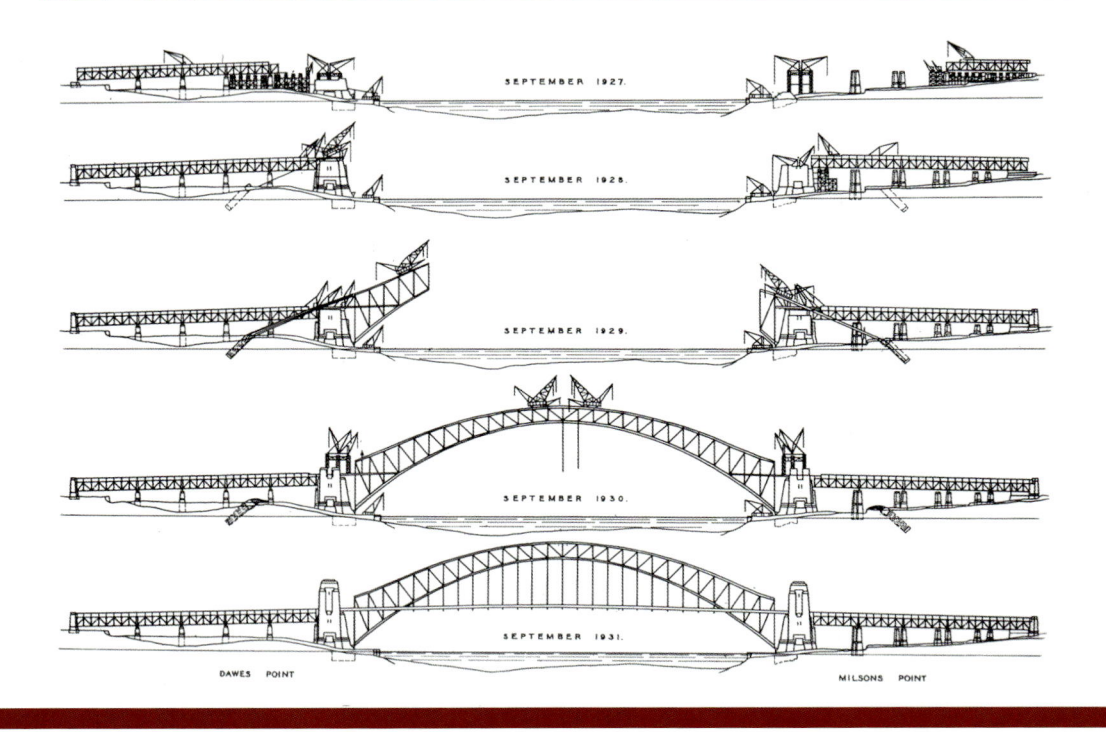

Die riesige Brücke überspannt die gesamte Hafeneinfahrt, auch große Schiffe können an den Piers auf der anderen Seite anlegen. Den Einwanderern, die in Australien ankamen, war die Brücke ein Symbol der Hoffnung wie die Freiheitsstatue für die Einwanderer in New York.

Die Brücke beeindruckt schon durch ihr Aussehen: Ein 503 m langer Bogen erhebt sich bis zu 134 m über dem Wasser. Die 1 km lange Fahrbahn verläuft 49 m über dem Wasser. Sie hängt am Mittelteil des Bogens und setzt sich nach beiden Seiten zwischen den 89 m hohen Brückenportalen aus Mauerwerk fort. Als Tragwerk dient eine Stahlgitterkonstruktion: ein an den Endpunkten mit Gelenken befestigter Bogen, an dem ein netzartiger Eisenbahntunnel eingehängt ist, eine Ebene darüber befinden sich Fahrbahn und Fußwege.

76-77 ■ 1930 baute man zum Schluss der Bauarbeiten den Stahlbogen von beiden Seiten zur Mitte, fügte ihn dann zusammen und hängte den Träger ein.

76 unten ■ Der Bau der Brücke wurde bis ins Detail geplant. Das betraf nicht nur jedes Brückenteil, sondern auch die Zeit- und Konstruktionsplanung

77 ■ Zwei Bilder von 1930 zeigen Arbeiter ohne Helm und Sicherungen, die ohne Schutz ganz oben auf den Gerüsten balancieren. Für uns heute unvorstellbar.

Standort	Entwurf	Länge – Grösste Spannweite	Typ	Bauzeit
Sydney (Australien)	Sir Ralph Freeman und John Job Crew Bradfield	1.149 m 503 m	Bogenbrücke mit angehängter Fahrbahnebene	1926–1932

Harbour Bridge

78 oben ■ Für die Verbindungen zwischen den Brückenteilen hat man mehr als 6 Millionen Stahlnieten benötigt.

78 unten ■ Beim Betreten der Brücke sieht der Tourist die Stahlgitterkonstruktion in ihrer Vielschichtigkeit.

HARBOUR

78-79 ■ Die seitlich am Bogen entlangführenden Fußwege sind für Besucher geöffnet, die vom Bogenscheitel aus das Panorama bewundern können.

80-81 ■ Das stimmungsvolle Bild der Brücke, die sich aus dem Nebel erhebt, betont die Struktur des Bogens.

Der Bau erforderte großen technischen und organisatorischen Einsatz: Da man die Erfordernisse des Hafenbetriebs berücksichtigen wollte, baute man den Bogen von beiden Seiten, von außen zur Mitte hin. Deshalb benötigte man während der Bauzeit provisorische Verbindungen. Im Februar 1932 wurde die Belastbarkeit der Brücke durch eine Überfahrt von 96 Dampflokomotiven getestet.

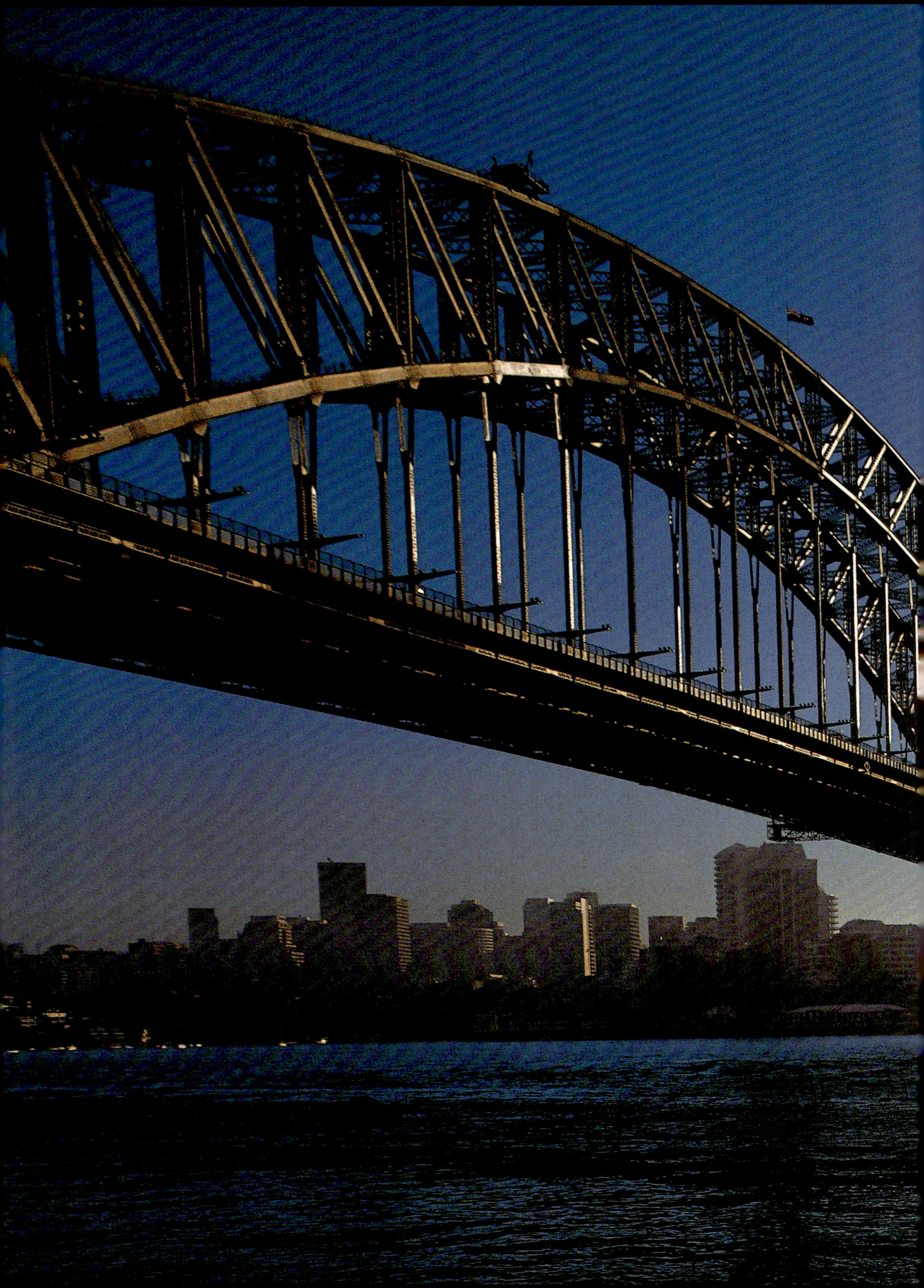

HARBOUR Bridge

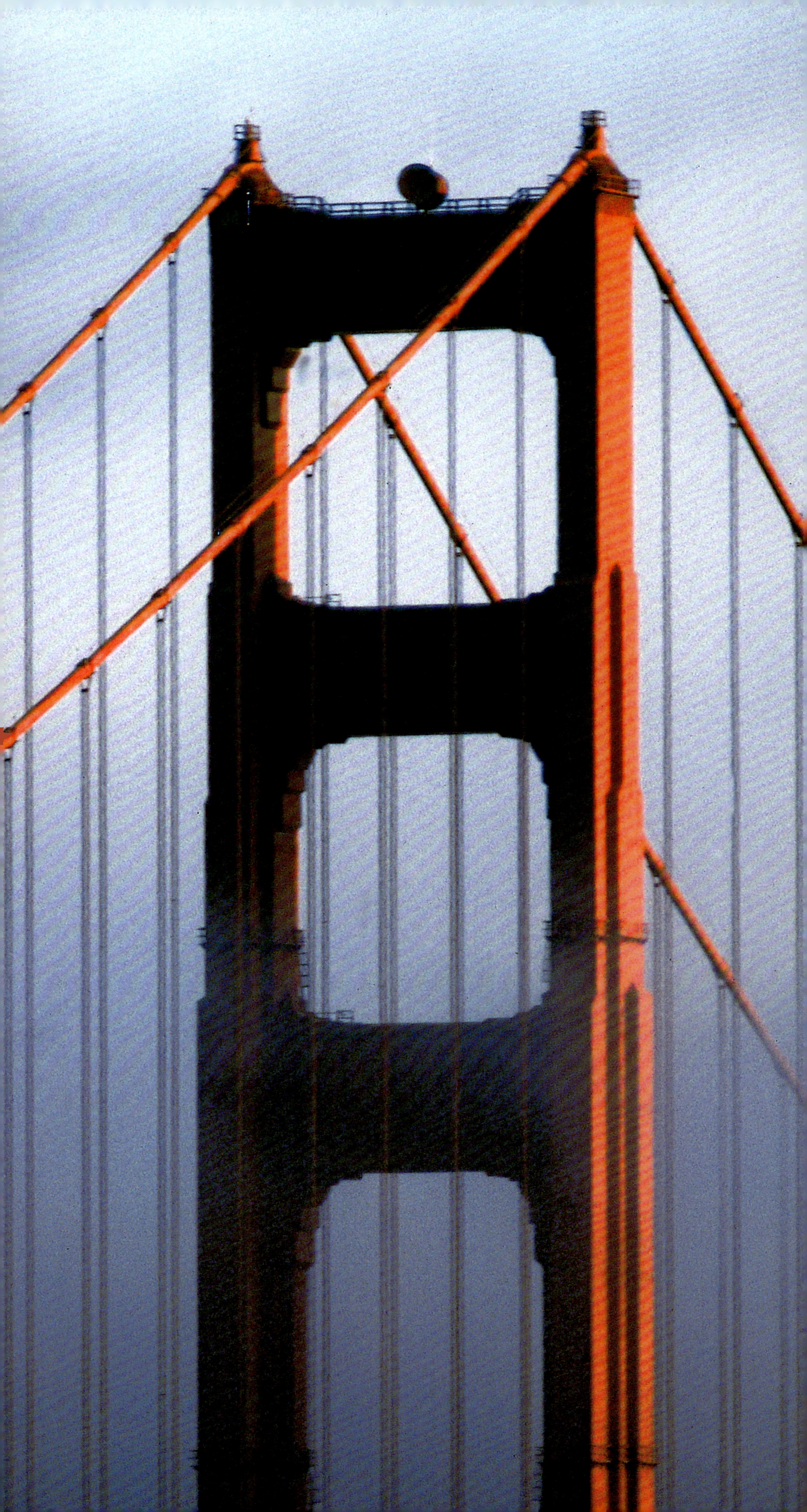

Golden Gate Bridge

ÜBER DIE GOLDEN GATE MEERENGE ZWISCHEN DEM PAZIFIK UND DER BUCHT VON SAN FRANCISCO (USA)

Schon 1923 empfand man das Bedürfnis, eine Brücke über die Meerenge Golden Gate zu bauen, aber erst im Zusammenhang mit dem „New deal", dem wirtschaftspolitischen Programm Franklin Delano Roosevelts, des Präsidenten der USA, wurde der Bau beschlossen. Zwischen 1933 und 1937 errichtete man in San Francisco zwei Brücken: Die San Francisco-Oakland Bridge über die Bucht und die Golden Gate Bridge über die Meerenge. Die poetische Bezeichnung „Goldenes Tor" stammte wahrscheinlich aus dem Jahr 1846 von dem Landvermesser John C. Freemont, der Ähnlichkeiten zwischen der Meerenge des Pazifiks und dem Hafen von Istanbul sah, der auch Chrysoceraso (Goldenes Horn) genannt wurde.

Der Bau einer Brücke über die Meerenge brachte wegen der starken Winde vom Pazifik viele technische Probleme mit sich. Der Planungsingenieur und Leiter der Arbeiten, Joseph B. Strass, zog für die Ausarbeitung des Entwurfs den Architekten Irving F. Morrow heran. Strass legte seinen Berechnungen eine angenommene Windgeschwindigkeit von 185 km/h zugrunde und Schwankungen von 8 m. Eine Prüfung durch die Natur brachte am 1. Dezember 1951 ein Sturm mit 130 km/h. Im Mittelteil der Brücke waren horizontale Verschiebungen von 7,31 m und vertikale Verschiebungen von 1,52 m zu erkennen, denen die Brücke ohne nennenswerte Schäden standhielt. Kompliziert gestaltete sich auch der Bau des Fundaments

82 ■ Der Nebel, der viele Monate im Jahr über der Meerenge liegt, nimmt nach oben hin allmählich ab und lässt nur die Spitze des Brückenpfeilers sehen, der flammend rot in den Himmel ragt.

83 ■ Eine Luftaufnahme der Golden Gate Bridge zeigt den dichten Verkehr, der die Brücke zu einem eindrucksvollen, berühmten Wahrzeichen San Franciscos und zur pulsierenden Lebensader der Stadt macht. Der Autoverkehr in Nord-Süd-Richtung trifft auf die Schiffe, die in die Bucht kommen oder hinausfahren.

GOLDEN GATE

für den südlichen Brückenpfeiler in mehr als 30 m Tiefe: man setzte dafür einen riesigen Senkkasten ein. Obwohl man unter dem Brückenträger ein Sicherheitsnetz ausgespannt hatte, das 18 Arbeitern das Leben rettete, starben immer noch 11 Männer während des Baus.

Die Golden Gate Bridge ist zweieinhalbmal so lang wie die Brooklyn Bridge; sie besteht aus drei Teilen. Die beiden seitlichen Bögen haben eine Spannweite von 325 m, der mittlere erreicht eine Spannweite von 1280 m, damit hielt er den Längenrekord bis 1964.

Die orangeroten Stützpfeiler erheben sich 227 m über dem Wasser und 153 m über der Fahrbahn, sie ergeben einen reizvollen Farbeffekt. Am südlichen Endpunkt und in der Mitte der Brücke sind zwei Nebelhörner angebracht, die mit ihrem Ton den Schiffsverkehr durch den Nebel leiten. In der Zeit mit dem meisten Nebel – von Juli bis Oktober – sind sie mehr als fünf Stunden am Tag in Betrieb. Auf den Spitzen der Brückenpfeiler sind die Signallichter für den Flugverkehr montiert.

Im Jahr fahren heute mehr als 40.000.000 Fahrzeuge über die gebührenpflichtige Brücke. Sie wird von einer festen Mannschaft aus 38 Malern und 17 Schweißern instand gehalten.

84 und 84–85 ■ Der Bau einer so großen Brücke in schwierigen klimatischen Bedingungen erforderte das technische Know-how besonderer Baufirmen.

85 unten ■ Joseph B. Strass, verantwortlich für den technischen Entwurf und die Leitung der Arbeiten, demonstriert einigen berühmten Besuchern (R. Clarke, C. E. Paine, C. Dungan) einige wichtige und schwierige Arbeitsschritte während des Anbringens und Spannens der Seile.

Standort	Entwurf	Länge – Grösse	Spannweite	Typ	Bauzeit
San Francisco (USA)	Joseph B. Strass und Irving F. Morrow	2.737 m	1.280 m	Hängebrücke	1933–1937

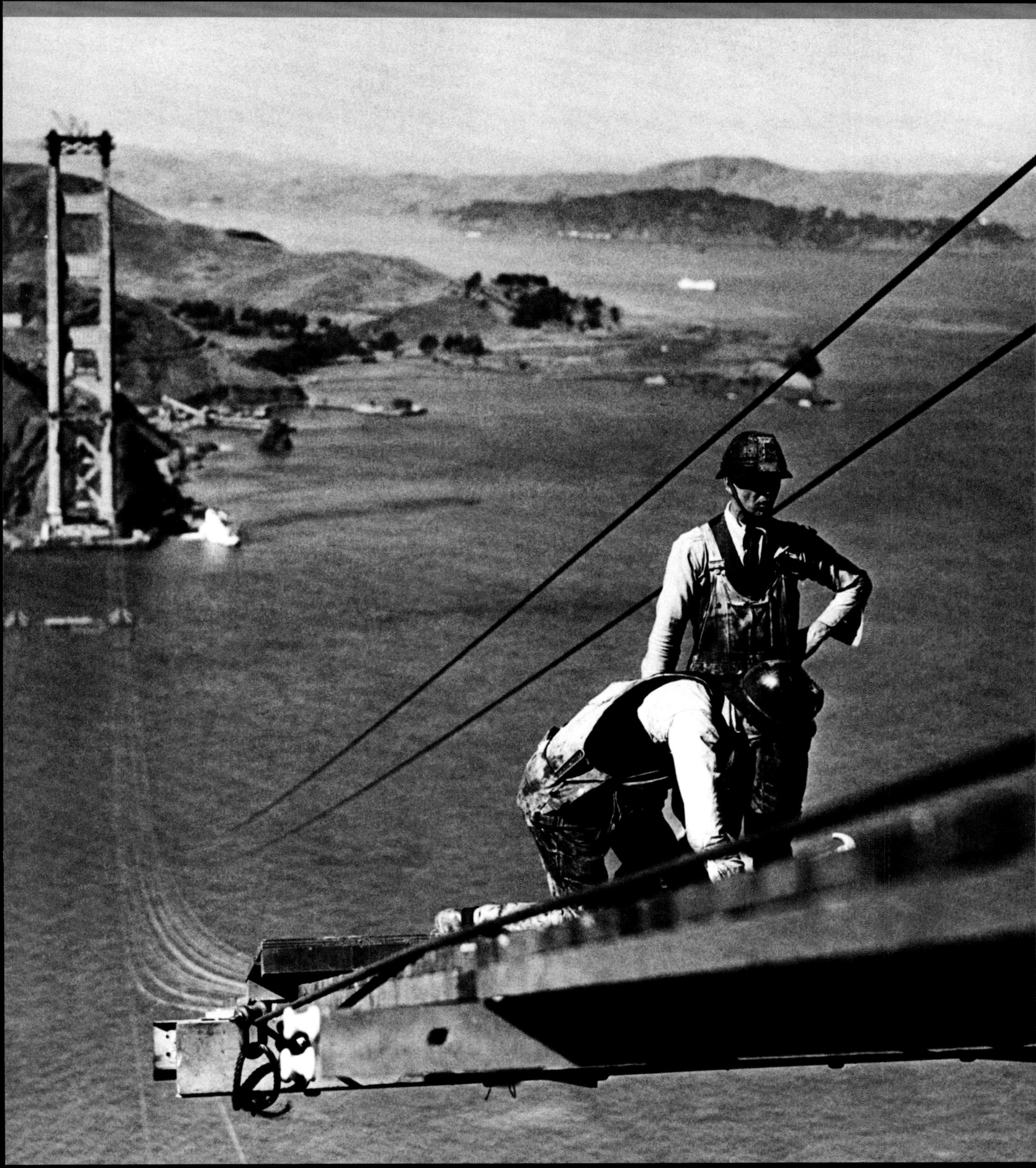

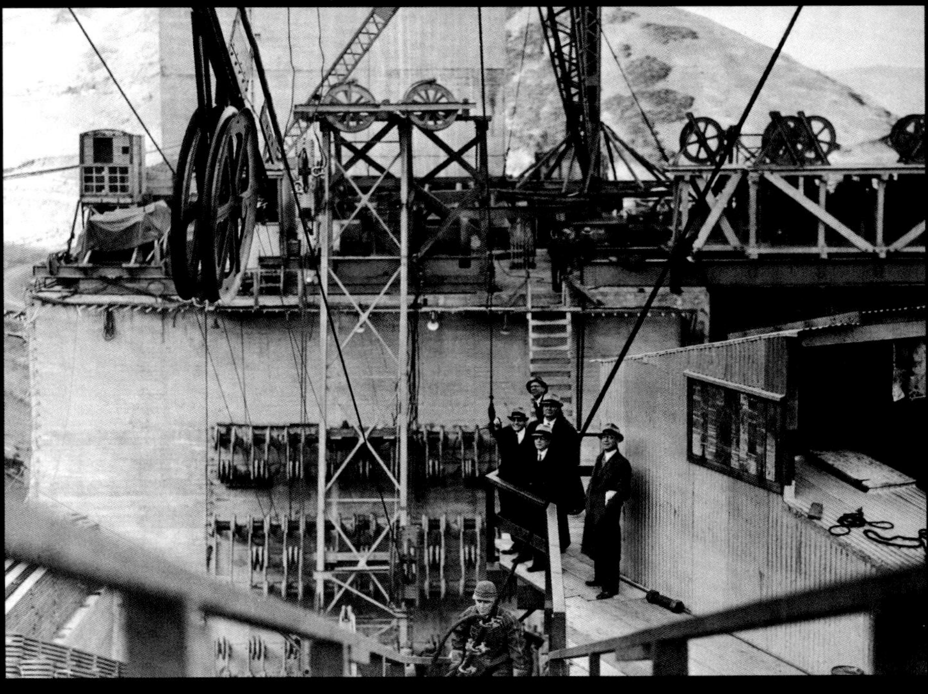

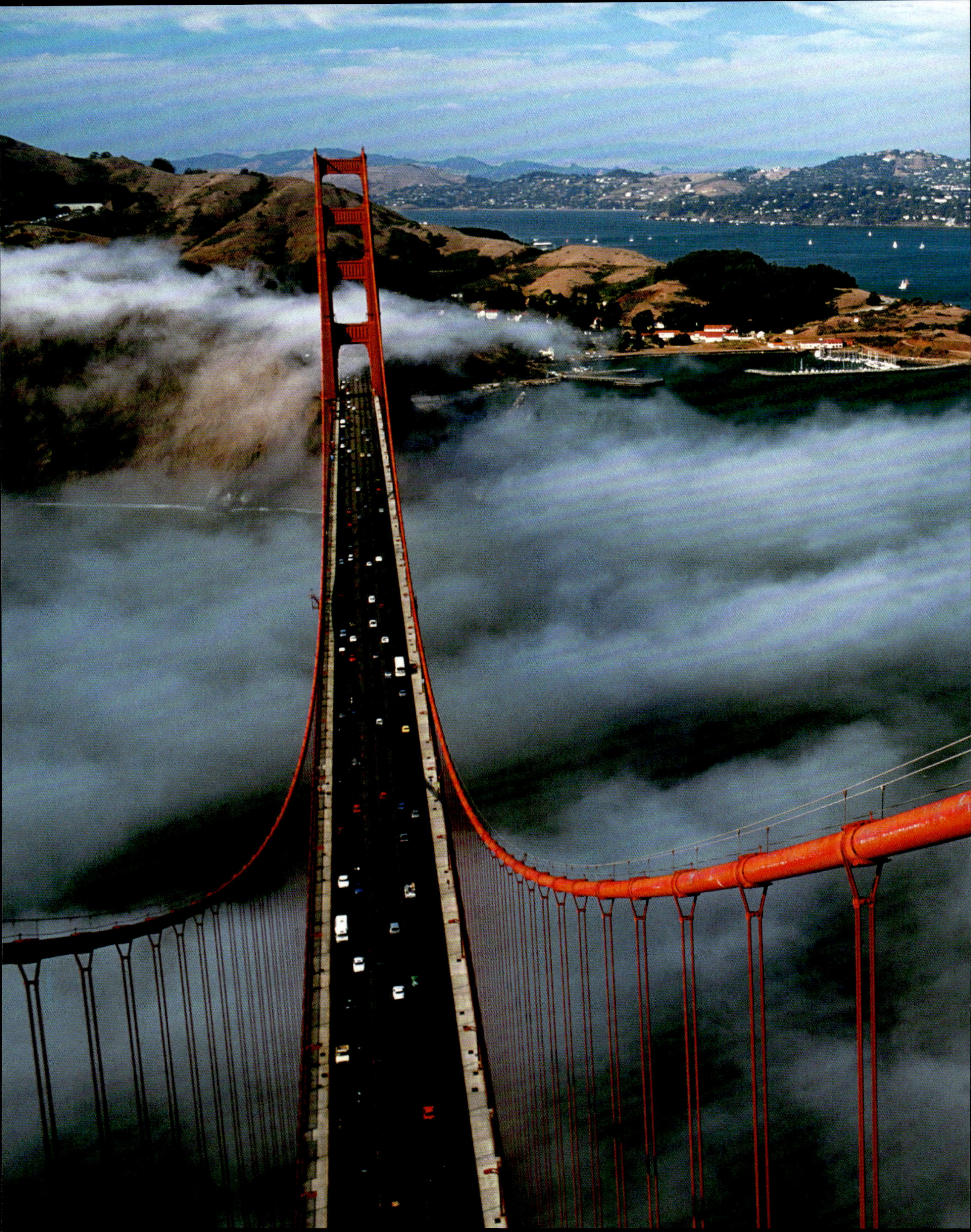

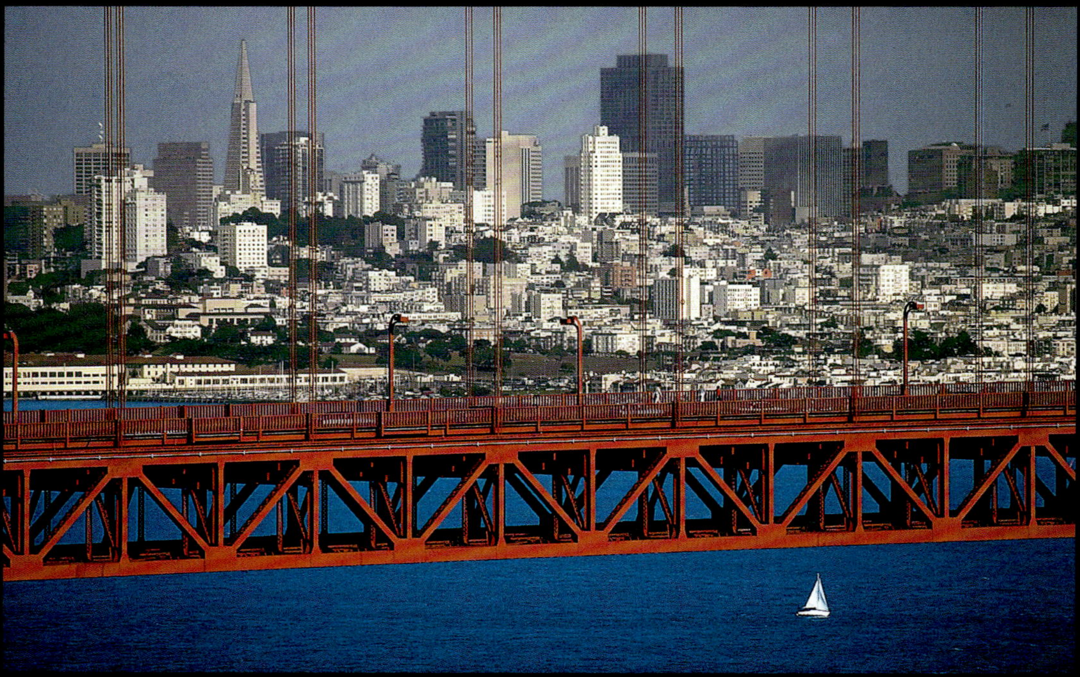

GOLDEN GATE

88 unten ■ Das Verbindungsstück zwischen Pfeiler und Querriegel ist ein Abbild des Architekturstils der Dreißigerjahre.

88-89 ■ Ist man schwindelfrei, kann man von der Spitze des Nordpfeilers den Blick über die Berge westlich der Brücke genießen.

86-87 ■ Ein Anstreicher bei der Arbeit. Er ist durch ein komplexes System aus Seilen und Gurten gesichert.

86 unten und 87 unten ■ Der Stahlgitterträger des Brückendecks (links) kann den Windkräften standhalten. Die Sättel (rechts) bestimmen die Krümmung der Spannseile.

88 oben ■ Die Brückenbögen werden von einer robusten Stahlgitterkonstruktion gestützt.

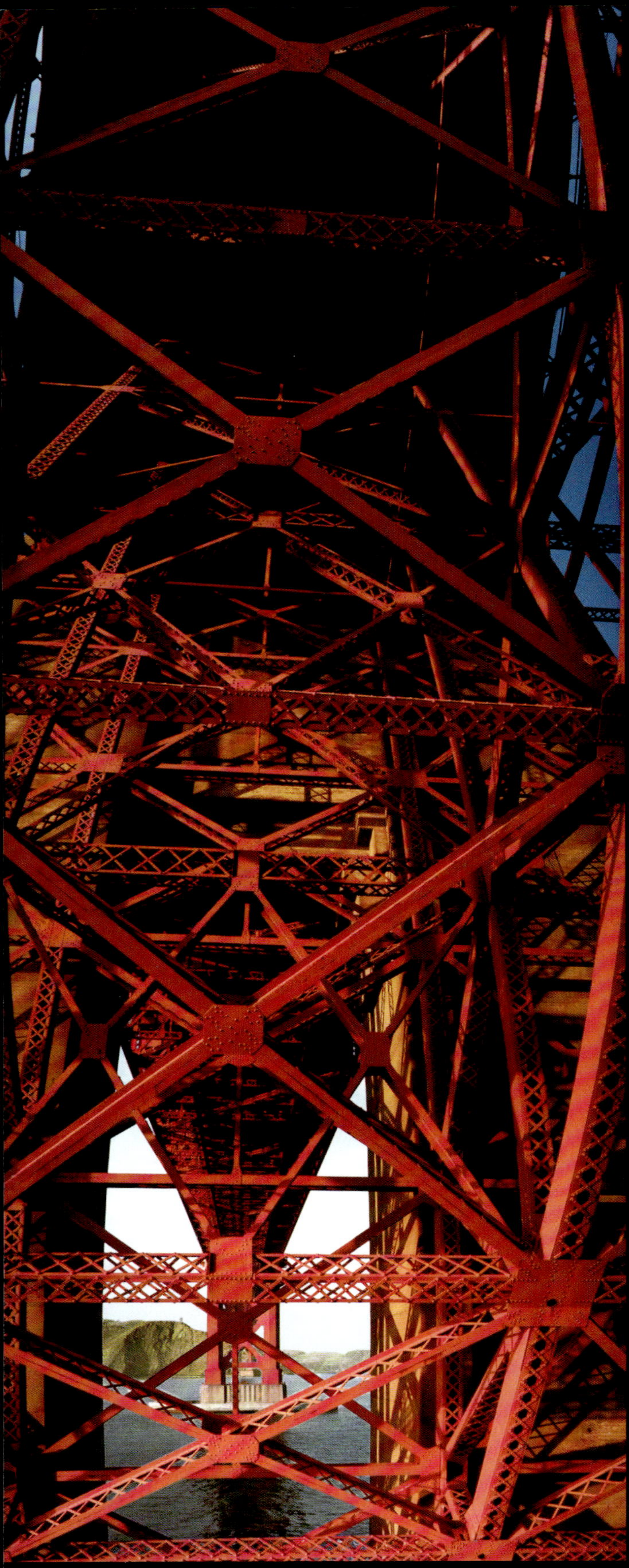

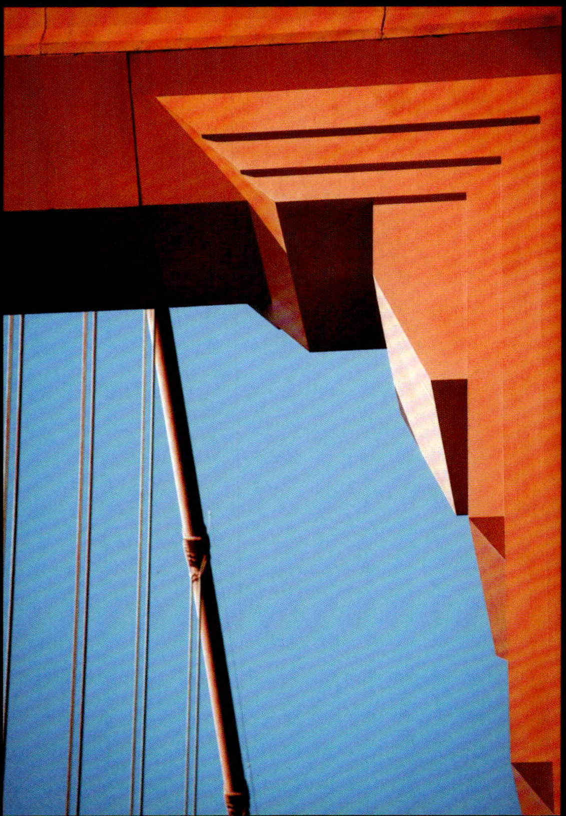

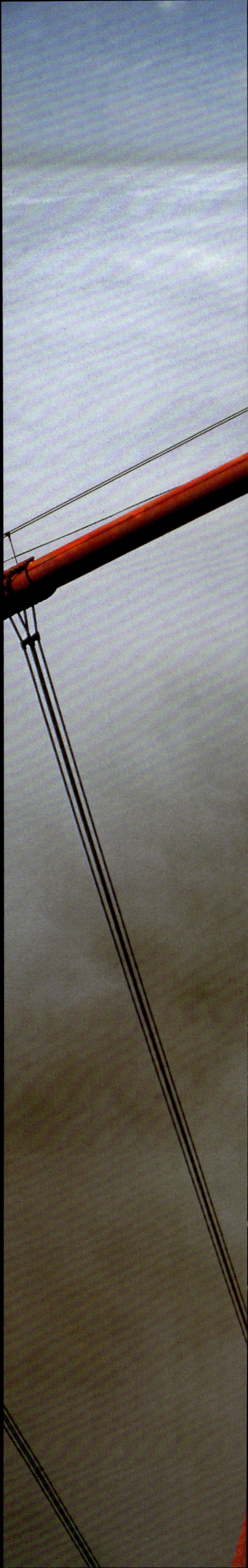

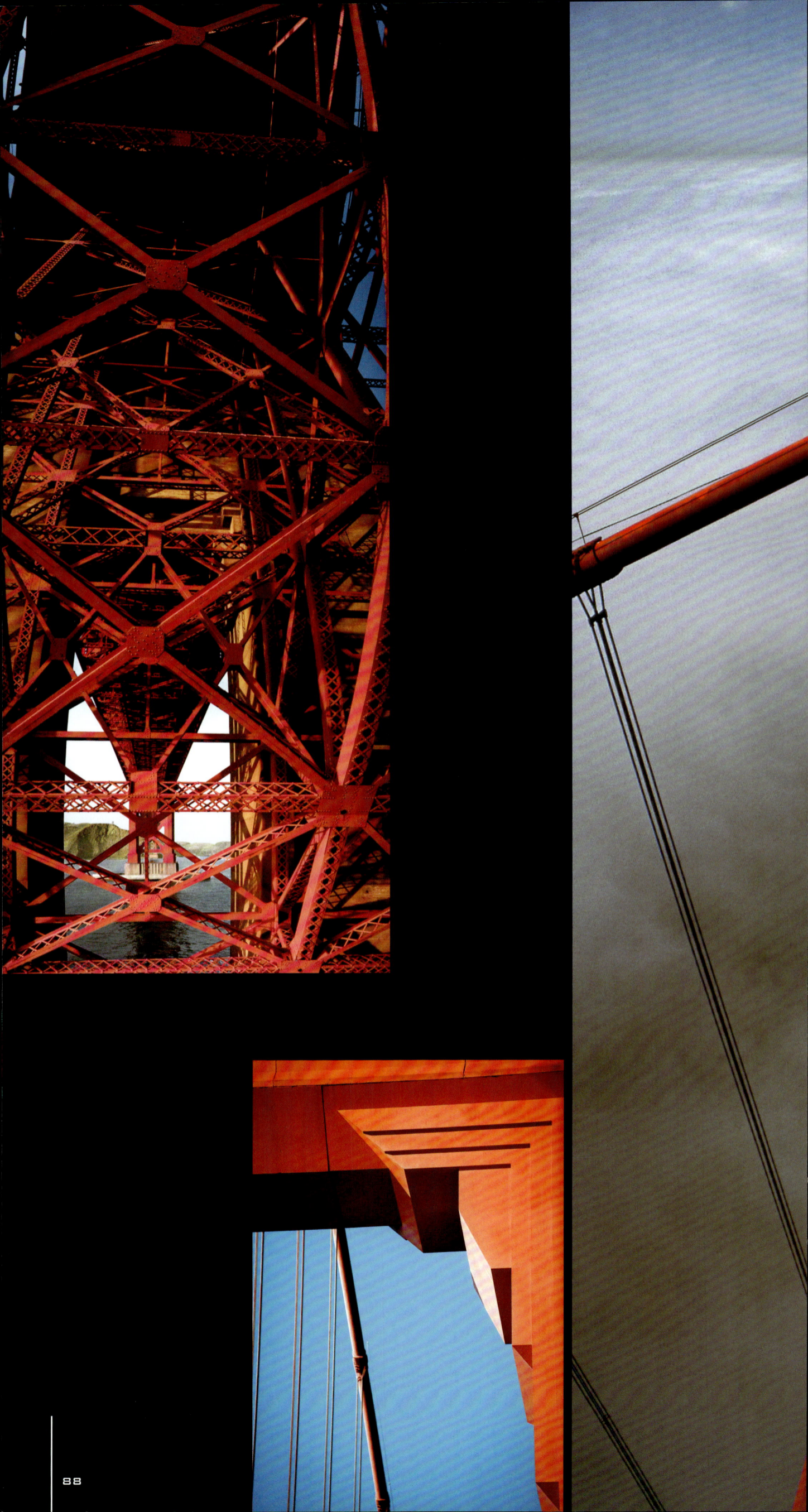

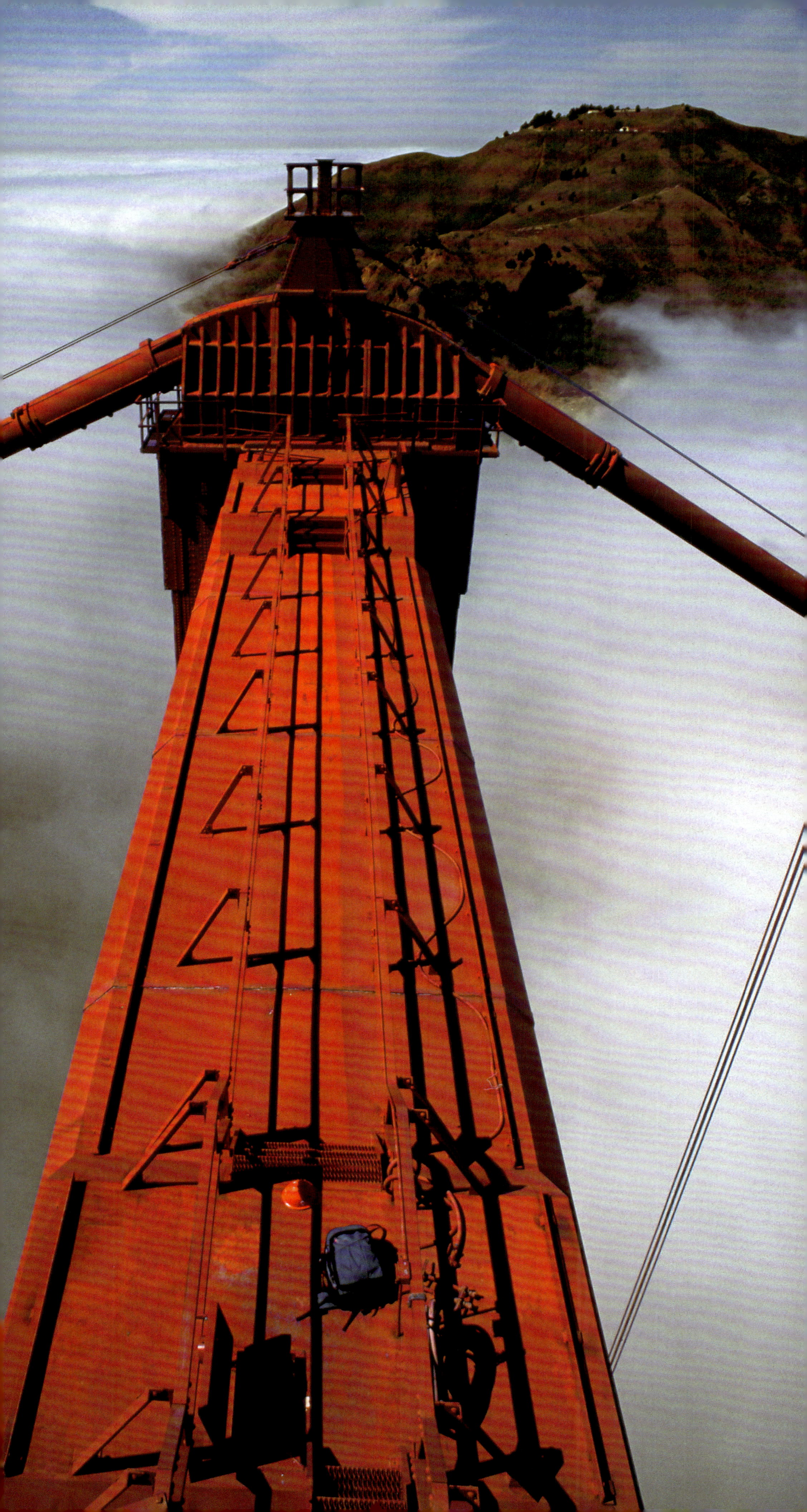

SEIT der Mitte des 20. Jahrunderts zeichnete sich eine entscheidende Entwicklung im Stahlbetonbau ab. Sie ergab sich aus der immer weiteren Verbreitung des Spannbetons.

▲ Verrazano Bridge ▲ Ponte Vasco da Gama ▲ Storebælt-Brücke

Spannbeton verwirklichte eine alte Idee, die zwei deutsche Ingenieure – Döring und Könen – schon 1888 formuliert hatten. Sie bestand darin, zuerst Druck auf Beton auszuüben, um so die Zugkräfte zu neutralisieren, die dieses Material nicht tragen konnte. Damals konnte der Gedanke nicht weiter verfolgt werden, da man mit den vorhandenen Mitteln nur geringen Druck erzeugen konnte, der sich schnell wegen der Schrumpfung und des Kriecheffekts verflüchtigt hätte. Dreißig Jahre später nahm Eugène Freyssinet das Verfahren wieder auf. Seit er 1928 seine ersten Patente erworben hatte, widmete sich Freyssinet der Perfektionierung seiner Erfindung und ersetzte durch Genie und Intuition, was ihm an wissenschaftlichen Kenntnissen fehlte. Das erzeugte Klatsch und üble Nachrede, die einige seiner parteiischen Konkurrenten allgemein verbreiteten.

In den Vierzigerjahren erfuhr der Spannbeton langsame Verbreitung; 1953 wurde er offiziell anerkannt: Man gründete den Internationalen Spannbetonverband, den die Koryphäen unter den europäischen Bauingenieuren förderten. Intensivere Untersuchungen des Verhaltens von Beton und Stahl ermöglichten mit besseren Kenntnissen eine optimale Nutzung des Materials und öffneten der Planung von großen Bauwerken, besonders Brücken, neue Wege.

In den vergangenen 50 Jahren wurden immer neue Brücken mit immer höherem Materialeinsatz gebaut. Ältere Brückentypen, wie etwa die Hänge- oder die Schrägseilbrücke, wurden dank des technischen Fortschritts wieder zeitgemäß und überboten einander an Größe. Auf der ganzen Welt entstehen heute mächtige Brücken, die Inseln, Länder oder ganze Kontinente verbinden.

Ästhetisch wirken die heutigen Brücken oft spektakulär: wegen ihrer Ausmaße und der Art, wie sie in der Landschaft stehen. In den besten Beispielen nehmen sie Formen auf, die ihnen der Landschaftstyp nahe legt, und verbinden elegante Krümmungen mit Diagonalen. In anderen Fällen besteht der Entwurf in schematischen, streng rechtwinkligen Lösungen, die isoliert von der Umgebung stehen.

Von 1950 bis heute

Standort	Entwurf	Länge – Grösste Spannweite	Typ	Bauzeit
Maracaibo (Venezuela)	Riccardo Morandi	8.700 m / 235 m	Schrägseilbrücke	1958–1962

Maracaibo-Brücke (Puente General Urdaneta)

über den Maracaibosee, Zulia (Venezuela)

Die Brücke wurde 1958–1962 während der Regierungszeit Romulo Betancourts gebaut, der nach dem Sturz des Diktators Jimémez gewählt worden war. In dieser Zeit wurde das Straßennetz ausgebaut. Man errichtete nach Süden den Puente General Paéz über den Apure und in Richtung Guayana den Puente di Angostura über den Orinoko. Zwei große Bauwerke, die aber eher bedeutungslos waren im Vergleich zur langen Brücke, welche die Hafenstadt Maracaibo mit dem restlichen Venezuela verband und über eine enge Stelle des Sees führte.

Die 8.700 m lange Brücke war das Werk Riccardo Morandis (1902–1989), eines der großen Namen unter den italienischen Ingenieuren. Kurz nach dem Zweiten Weltkrieg hatte Morandi zahlreiche Brücken in Italien gebaut; er hatte dabei die Spannbetontechnik angewandt, an deren Vervollkommnung er maßgeblich beteiligt war. Seine intensive Forschungsarbeit als Inhaber eines Lehrstuhls und seine praktische Konstruktionsarbeit brachten Morandi so weit, einen eigenen Konstruktionstyp zu entwickeln, der zu seinem Markenzeichen wurde. Unter Nutzung aller technischen Möglichkeiten verwirklichte er Bauten von hohem konstruktionstechnischem Niveau und beachtenswertem Aussehen, wie zum Beispiel die Brücke über den Maracaibosee.

92 ■ Am 21. Dezember 2002 fährt der Tanker Pilin Leon ohne Erlaubnis unter der Brücke durch. Er wird im Hafen von Bajo Grande arrettiert und der Fall einem Zivilgericht übergeben.

92-93 ■ Die Stützpfeiler der fünf Joche, die durch die Fahrrinne der Lagune verlaufen, durchbrechen die Monotonie der kilometerlangen Brücke.

94-95 ■ Die Stützen der beiden seitlichen Viadukte steigen allmählich an, um in der Fahrrinne die für die Brücke erforderliche Höhe zu erreichen.

Morandis Brückenentwurf unterschied sich von allen anderen Entwürfen, die bei der Regierung Venezuelas eingereicht wurden, weil er aus Stahlbeton war und nicht aus Stahl; eine Lösung, die wirtschaftliche Vorteile brachte, weil der Bau weniger kostete und dem tropischen Klima besser standhielt.

Die Brücke besteht aus 135 Teilen. Zwei Viadukte auf Streben verbinden beide Ufer mit dem Mittelteil der Brücke, der mit fünf von Schrägseilen gehaltenen Jochen den schiffbaren Bereich der Seeenge überquert. Der ganze Bau ist aus Spannbeton, auch die Streben. Die 92 m hohen Brückenpfeiler folgen genau wie die seitlichen Verstrebungen dem bevorzugten Modelltyp Morandis, der in einer Verbindung aus unterschiedlich geformten Dreiecken besteht. Morandis Entwürfe sind wegen ihrer optischen Wirkung berühmt, man muss sie aber auch unter dem Gesichtspunkt der Wirtschaftlichkeit beurteilen. Die modulare Bauweise begünstigte den Einsatz von Fertigbauteilen oder Gießelementen.

Im April 1964 war die Brücke von einen Unfall betroffen: Ein Supertanker von Esso rammte die Brücke, zerstörte die Brückenpfeiler 31 und 32 und schlitzte die Pfeiler 30 und 33 auf. 1999, während einer Inspektion der Brücke, stellte man fest, dass auch andere Pfeiler – allerdings geringer – beschädigt worden waren.

PUENTE MARACAIBO

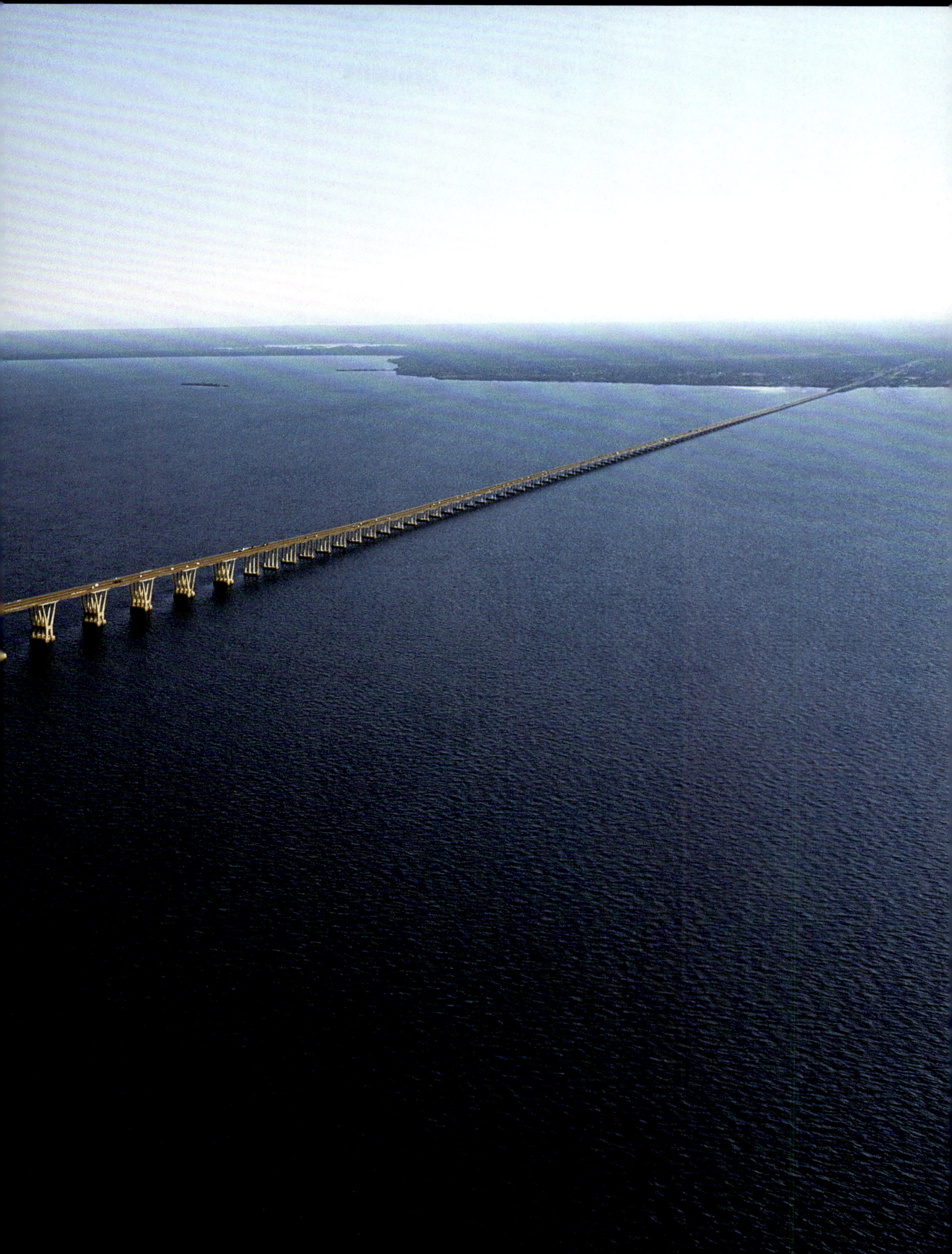

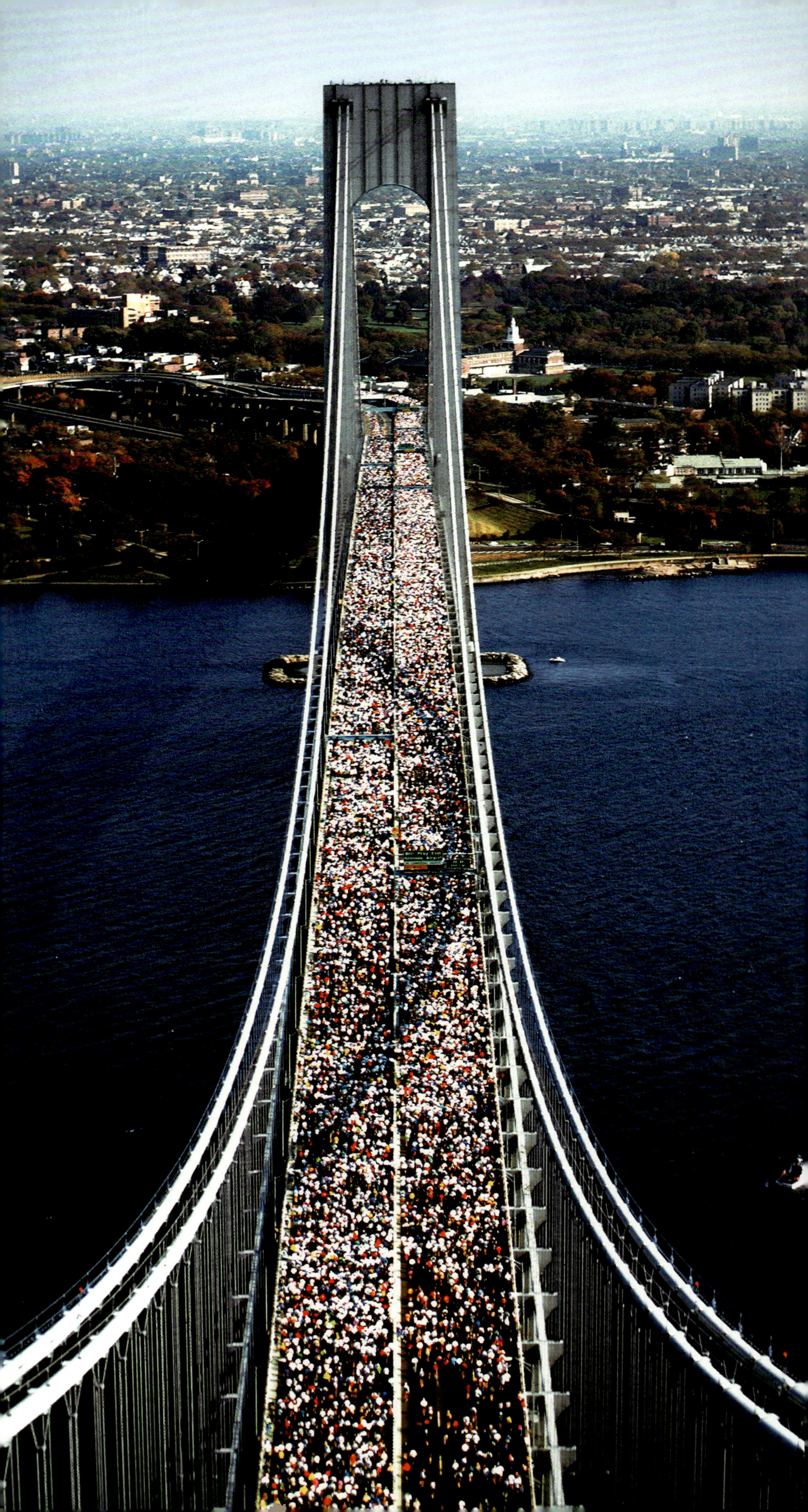

Verrazano Narrows Bridge

Über die Verrazano-Enge
New York (USA)

Die Idee, eine Brücke über die Verrazano-Enge zu bauen, stammt aus den ersten Jahrzehnten des 20. Jahrhunderts. Anfangs dachte man sogar noch an einen Tunnel, ein Vorschlag, den der damalige Bürgermeister von New York, John F. Hylan, heftig befürwortete. Sobald die Genehmigung der Regierung vorlag, begann man mit den Ausschachtungsarbeiten. Aber man unterbrach die Arbeit, da sich herausstellte, dass die Kosten höher als geplant sein würden. Vom Tunnelprojekt existieren noch einige verlassene Eingänge, die heute noch zu ironischen Anspielungen auf den Bürgermeister Anlass geben. 1926 prüfte man den Entwurf einer Hängebrücke des bekannten Ingenieurs David Steinman, aber auch in diesem Fall wurden die notwendigen Mittel verweigert.

Mehr als 30 Jahre später bemerkte man, wie nötig diese Brücke war, die dann zwischen 1959 und 1964 von dem Bauunternehmen Amman & Whitney errichtet wurde. Mit dem Entwurf krönte Othmar Herrmann Amman seine brillante Laufbahn. Amman wurde am 26. März 1879 in Feuerthalen (Schweiz) geboren. Er machte seinen Abschluss an der Technischen Hochschule in Zürich, dort studierte er bei Wilhelm Ritter. Zwei Jahre nach dem Studium ging er in die USA und arbeitete

96 ■ Der New York Marathon führt über die Verrazano Narrows Bridge. Sie verbindet Brooklyn mit Staten Island und gehört zur südlichen Umgehung von Manhattan. Jeden Tag überqueren im Schnitt 190.000 Fahrzeuge die Brücke.

97 ■ Die Brücke wird von vier Spannseilen mit einem Durchmesser von 91 cm gestützt, sie bestehen aus 26.108 Einzeldrähten. Zwei sechsspurige Fahrbahnen verlaufen auf zwei Ebenen der Brücke.

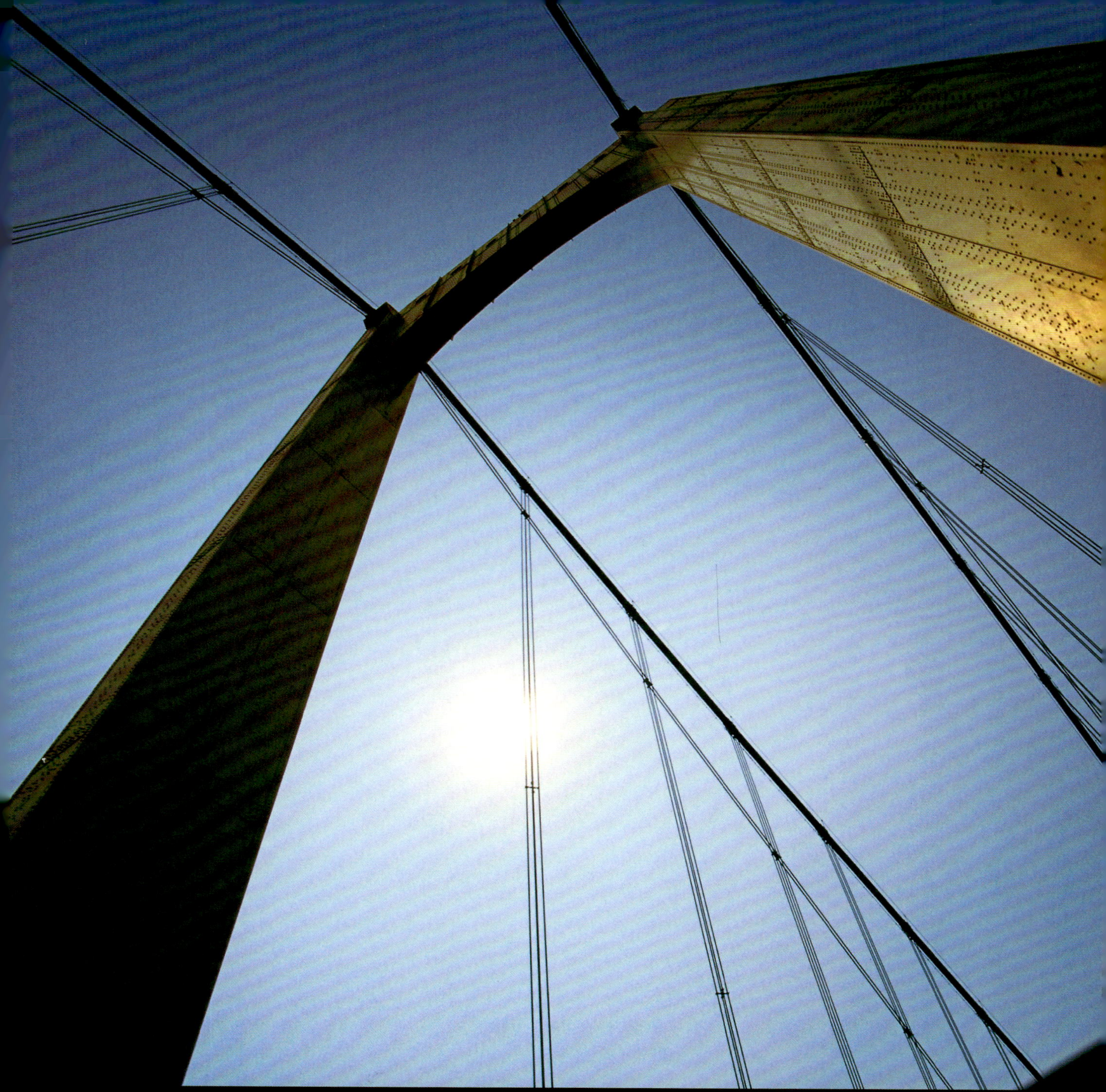

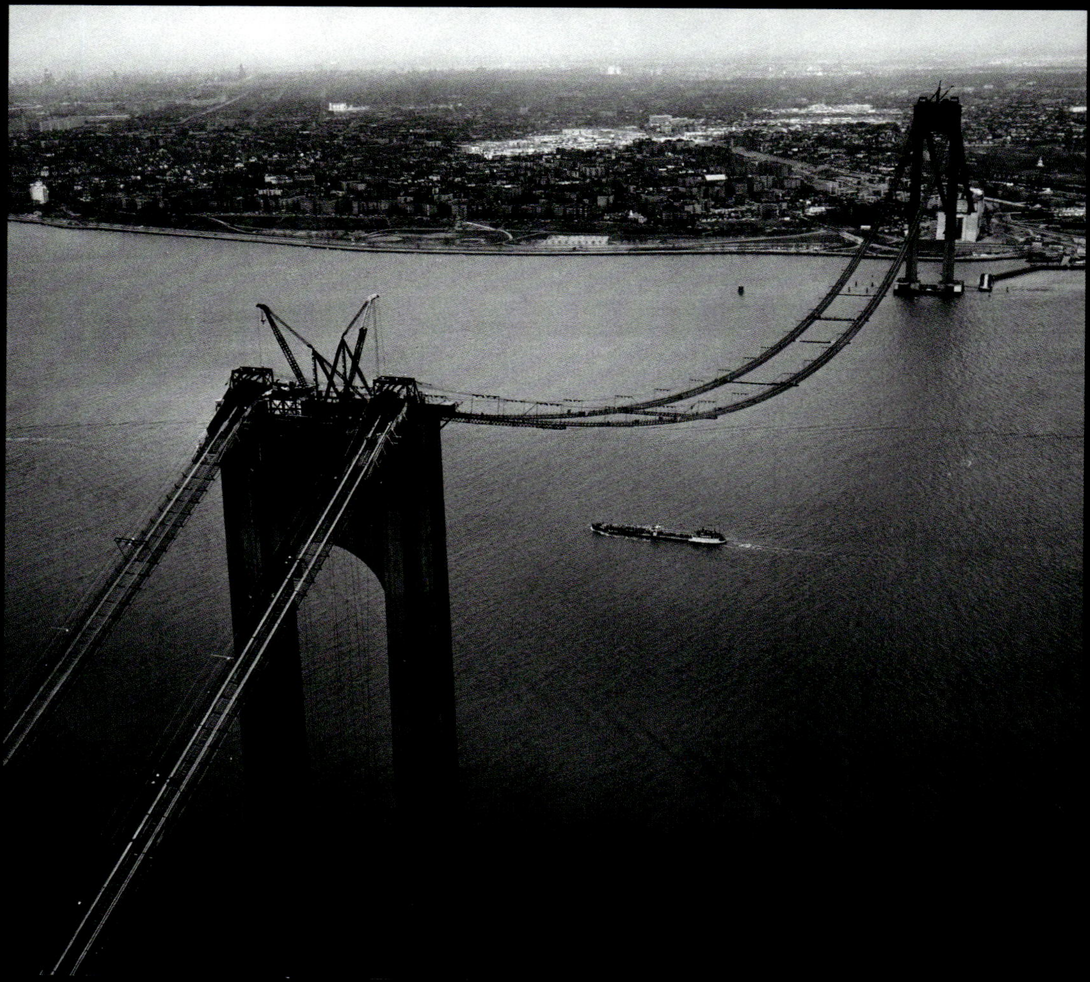

98-99 ■ Die beiden Stahlpylonen wiegen je 26.000 Tonnen und erheben sich bis 207 m über dem Wasser. Wegen der Erdkrümmung liegen ihre Endpunkte 4 mm weiter außen.

98 unten und 99 oben ■ 1962 begann man mit dem Spannen der Seile. Dieser Teil der Konstruktion erforderte schwierige und gefährliche Arbeitsvorgänge, die man durch den Bau von zwei provisorischen Stegen erleichterte. Trotz dieser Vorkehrungen starben drei Männer durch Unfälle.

dort so erfolgreich, dass er 1932 Ehrendoktor der Universität in New York und 1937 der Pennslvania Military Academy wurde. Die Golden Gate Bridge und die George Washington Bridge wurden unter vielen anderen nach seinen Entwürfen gebaut. Amman starb am 22. Spetember 1965 in New York.

Die Verrazano Bridge überspannt die gleichnamige Meerenge mit einer 1.600 m langen Hängebrücke, die gesamte Konstruktion ist 4.176 m lang. Das herrliche Bauwerk besteht fast nur aus Stahl und hat 1965 den ersten Preis des American Institute of Steel Construction gewonnen. Der Brückenabschnitt über dem Wasser ist dreiteilig; er hängt an Seilen, die an Land verankert sind und von zwei in den Meeresboden gerammten Pfeilern getragen werden. Das Hauptfeld der Brücke hielt mit 1.298 m Länge bis 1981 den Rekord. Die Brücke hat zwei 33 m breite, übereinander liegende Fahrstraßen mit je sechs Fahrspuren.

Die Brücke ist nach dem italienischen Entdecker Giovanni Verrazano (1485–1528) benannt, dem ersten Seefahrer in der Bucht von New York.

Standort	Entwurf	Länge – Grösste Spannweite	Typ	Bauzeit
Verrazano Narrows (USA)	Othmar Hermann Ammann	4.176 m 1.298 m	Hängebrücke	1959–1964

STANDORT	ENTWURF	LÄNGE – GRÖSSTE SPANNWEITE	TYP	BAUZEIT
KINGSTON/HULL (GROSS-BRITANNIEN)	GILBERT ROBERTS UND BILL HARVEY	2.200 M 1.410 M	HÄNGE-BRÜCKE	1972–1981

Humber Bridge
über die Mündung des Humber in Kingston/Hull (Grossbritannien)

Bereits Mitte des 19. Jahrhunderts hatte man die Notwendigkeit erkannt, die beiden Ufer des Humber an der Mündung zu verbinden. Der erste konkrete Vorschlag, sah 1872 Tunnel vor. In den folgenden Jahren prüfte man verschiedene Brückenpläne. Als 1928 endlich ein Entwurf vorlag, konnte er wegen der Weltwirtschaftskrise nicht verwirklicht werden.

Mit dem Humber Bridge Act und der Einsetzung einer Humber Bridge-Kommission, war der Bau der lang ersehnten Brücke 1959 endlich gesichert. Die Alternative eines Tunnelbaus hatte man von vornherein ausgeschlossen: Die geologische Beschaffenheit des Untergrunds hätte die Baukosten extrem in die Höhe getrieben.

Die Kommission entschied sich für eine Hängebrücke (nach einem Entwurf von Gilbert Roberts und Bill Harvey), welche die Schifffahrt auf dem Humber nicht beeinträchtigte. Sie ist 2.220 m lang, der Hängeteil hat eine Spannweite von 1.410 m und wird von zwei Viadukten in Nord- und Südrichtung (280 m und 530 m) flankiert. Die beiden Stützpfeiler bestehen aus zwei 155 m hohen Stahlbetonsäulen, die durch vier 22 m breite Querriegel verbunden sind. Auf dem untersten, dickeren Querriegel liegt das Tragwerk auf. Der oberste Querriegel befindet sich 8 m unterhalb der Pfeilerspitzen. Die Fahrbahn mit 4 Fahrspuren auf 22 m Breite verläuft 30 m über der Wasseroberfläche. Das stählerne Brückendeck hat eine hohle, pseudotrapezförmige Form mit zwei Konsolen, auf denen die 3 m breiten Fahrradspuren außen an den Pylonen vorbeiführen.

Ende 1972 begann man mit dem Bau der Brücke. Am 17. Juli 1981 wurde die Brücke, auf die die Bevölkerung mehr als 100 Jahre gewartet hatte, eröffnet. Jährlich fahren sechs Millionen Fahrzeuge über die Humber Bridge.

100 ■ Das Hauptfeld der Brücke, das den Schiffsverkehr auf dem Fluss ermöglicht, erstreckt sich zwischen dem einzigen Brückenpfeiler, der sich über dem Wasser erhebt, und dem nördlichen Pfeiler, der auf dem linken Ufer der Mündung, nahe der Stadt Hull steht.

101 ■ Im Süden (hier im Bild) und Norden ruhen die Endpunkte der Viadukte, der Brückeneingänge, auf gewaltigen Widerlagern, an denen die Spannseile verankert sind.

Lusitania-Brücke

über den Guardiana in Mérida (Spanien)

Die Lusitania-Brücke verbindet die Altstadt von Mérida (Estremadura) mit den Vierteln am Nordufer des Guardiana. Sie ist ein Werk des Künstlers, Architekten und Ingenieurs Santiago Calatrava. Man brauchte eine Persönlichkeit mit der Sensibilität und kulturellen Bildung wie Calatrava, um hier eine Brücke zu bauen – im antiken Emerita Augusta, der spanischen Stadt, in der es so viele römische Bauwerke aus der Zeit des Kaiser Augustus gab: den Tiberiusbogen, das Theater, die Mausoleen der Voconier und der Julier, Diana- und Marstempel, drei Aquädukte und zwei Brücken. Eine führt über den Alborengas, die andere über den Guardiana.

Santiago Calatrava, geboren am 28. Juli 1951 in Valencia, hat eine ganz besondere Biografie. Zunächst studierte er Kunst, danach Architektur. Weil ihn die mathematische Strenge großer Bauwerke faszinierte, ergänzte er seine wissenschaftliche Bildung: An der Technischen Hochschule in Zürich machte er 1979 seinen Abschluss als Bauingenieur. Calatrava wurde schnell weltbekannt; er errichtete über 40 Bauwerke, darunter zahlreiche Brücken.

102-103 ■ Die gezielte Ausleuchtung soll die Linienführung der Brücken hervorheben und lenkt das Auge des Betrachters auf die wichtigsten Details.

102 unten ■ Der Bogen aus Stahl und Beton, das Tragwerk der Brücke, umschließt den Fußweg, der in der Mitte zwischen den Fahrbahnen verläuft.

103 oben ■ Durch raffinierte Details können Konstruktionselemente der Lusitania-Brücke, z. B. die Seile, auf den Laien wie elegante Verzierungen wirken.

103 unten ■ Die neue Brücke fügt sich fast unmerkbar zwischen die antiken römischen Bauwerken ein, steht aber dennoch für den technischen Fortschritt.

Die Lusitania-Brücke wurde zwischen 1988 und 1991 gebaut. Sie besteht aus zwei geraden Seitenteilen und einem Mittelfeld mit einem abgeflachten Bogen von über 189 m Spannweite. Er liegt auf einer Linie mit dem Fußweg, der zwischen den beiden Fahrbahnen verläuft. Der Bogen setzt sich aus einem vorherrschenden Stahlgitterteil und zwei Seitenteilen aus Stahlbeton zusammen. Sie enden jeweils in einem waagerechten Element, das in das Fahrbahngerüst auf gleicher Höhe wie die Stützpfeiler eingespannt ist und sich dort in zwei Tore für den Fußweg öffnet. Die 465 m lange Brücke besteht aus einem Stahlbetonträger, der unterhalb des Mittelfeldes am Bogen eingehängt ist, an den Seiten liegt er auf kurzen, geteilten Stützpfeilern auf, die aus unterschiedlichen kreisförmigen Segmenten bestehen.

Die Lusitania-Brücke wirkt schlicht und leicht ; sie ist ein seltenes Beispiel, dass Leichtigkeit nicht auf monumentale Wirkungen verzichten muss. Dadurch scheint sie sich respektvoll der alten römischen Brücke einen Kilometer flussaufwärts anzupassen.

Standort	Entwurf	Länge – Grösste Spamnweite	Typ	Bauzeit
Mérida (Spanien)	Santiago Calatrava	465 m 189 m	Bogenbrücke mit angehängter Fahrbahn	1988–1991

104-105 ■ Die Fußgängerbrücke ist heute der Haupteingang zum Themenpark Isla Magica und zum Technikpark Sevilla Tecnópolis auf der Insel La Cartuja.

104 unten ■ Der abgeflachte Bogen wird an den Endpunkten von zwei Säulen gehalten, die durch ihre Schrägstellung die Brücke verbreitern und gleichzeitig als Eingangstore dienen.

105 rechts ■ Die Form der Verbindungsstücke zwischen den Säulenpaaren und dem Bogen zeigt die vollkommene Verbindung aus geometrischer Form und Mechanik. Durch ihre Position sind sie die Angelpunkte der Konstruktion.

Barqueta-Brücke

über den Guadalquivir in Sevilla (Spanien)

Die Barqueta-Brücke verbindet die Altstadt von Sevilla mit der Insel La Cartuja. Sie wurde als Eingang zum Themenpark Isla Mágica 1989 bis 1992 gebaut. Mit dieser Weltausstellung wurde der 500. Jahrestag der Entdeckung Amerikas gefeiert.

Der Brückenentwurf stammt von den beiden Ingenieuren Juan J. Arenas de Pablo, Marcos J. Pantaleón, die gegenüber ästhetischen und ökologischen Problemen sehr aufgeschlossen waren. Arenas de Pablo erklärte unlängst, nach welchen Gesichtspunkten seiner Meinung nach ein Ingenieur arbeiten muss: „Obwohl ästhetische Überlegungen nicht zu unserer Ausbildung gehören, sind wir gefordert, im Bereich des Entwurfs unser Bestes zu geben, um das Aussehen unserer Konstruktionen zu verbessern (…) Die innere Organisation des Bauwerks ist Konzeptionsarbeit, die parallel zur Planung des Äußeren unserer Konstruktionen ablaufen muss, natürlich nicht bis ins letzte Detail, aber im Grundkonzept."

Die ästhetische Qualität einer Brücke oder irgendeines anderen Bauwerks ist kein Zusatz, sondern Teil der gesamten Konstruktion, deren architektonische Elemente Anmut und Kraft miteinander verbinden sollen. Dass Arenas in der Praxis konsequent nach seinen Überzeugungen arbeitet, sieht man am Beispiel der Barqueta-Brücke, die die perfekte Verbindung von Anmut und Kraft ausstrahlt.

Das Tragwerk der Brücke besteht aus Stahl: Ein abgeflachter Bogen bildet eine Achse über der Mittellinie der Fahrbahn und spannt sich über Seitenteile aus zwei schrägen Stützpfeilern, die ein Dreieck bilden, das an der Spitze mit dem Bogen verbunden ist, während seine Grundfläche auf der Straßenebene liegt. Die Pfeiler verringern die Spannweite des Bogens von 168 auf 108 m. Optisch wirken sie wie zwei große Eingangstore zur Brücke. Alle Teile sind rechteckig, hohl; ihre Details erfüllen einen doppelten Zweck: Sie versteifen die Konstruktion und sorgen für ausdrucksvolle Licht- und Schattenwirkungen.

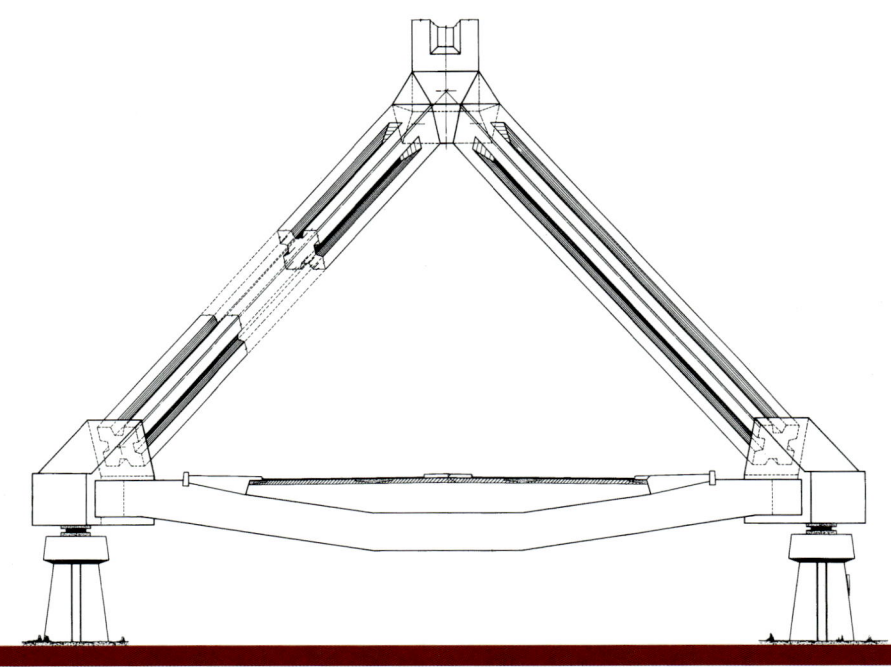

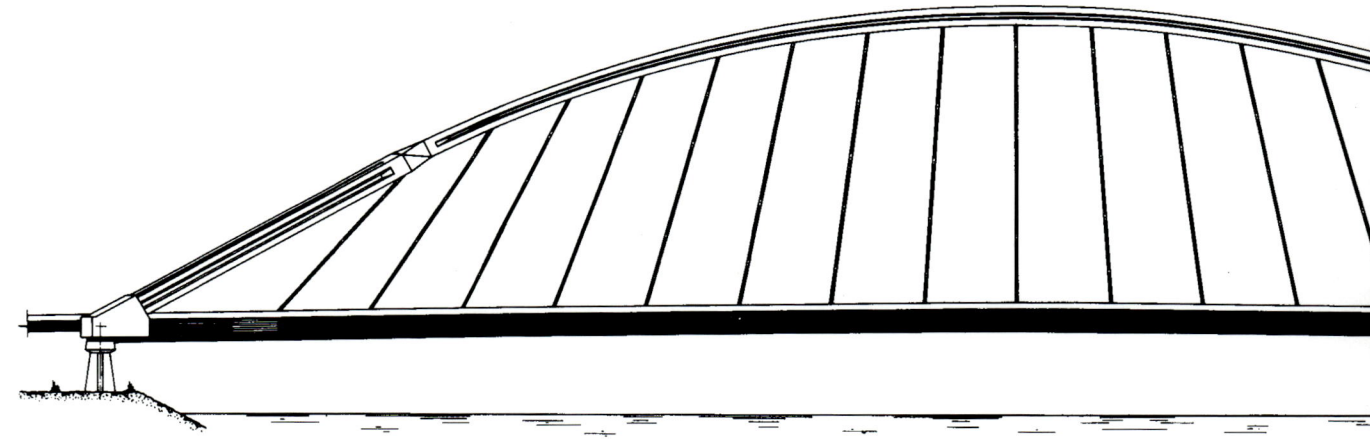

Die Fahrbahn wird von Zugbändern gehalten, sie ruhen auf der Fläche, auf der der Bogen steht und trennen die beiden Fahrspuren. Die Differenz zwischen Spannweite des Bogens und Fahrbahnlänge bewirkt, dass die Zugbänder nach oben zusammenlaufen, dies erzeugt eine eigene dynamische Wirkung, die in völligem Einklang mit dem Brückenverlauf steht.

106 und 106-107 unten ■ Die Entwurfsskizzen zeigen die Kontur des Bogens, die Ausrichtung der Seile sowie das Statiksystem, das aus doppelt angeschrägten Pfeilern, dem Querbalken und den Streben besteht, mit denen der Bogen im Boden verankert ist.

106-107 oben und 107 unten ■ Die tiefen Flansche der rechteckigen Stahlteile sollen die Konstruktion in Längsrichtung verstärken. Die roten Zugbänder laufen oben zusammen und erzeugen so eine eigene dynamische Wirkung.

Standort	Entwurf	Länge – Grösste Spannweite	Typ	Bauzeit
Sevilla (Spanien)	Juan J. Arenas de Pablo und Marcos J. Pantaleón	168 m 108 m	Stahlbogenbrücke mit angehängter Fahrbahn	1989–1992

Pont de Normandie

über die Seine bei Le Havre (Frankreich)

Die Brücke überspannt die Seinemündung zwischen Le Havre und Honfleur. Sie verbindet damit nicht nur zwei Flussufer – das rechte ist stark von Industrie geprägt, das linke eher touristisch –, sondern verkürzt außerdem die Entfernung zwischen der unteren Normandie und Le Havre um 40 km und verbindet mit der Autobahn die Mündungsgebiete. Die Brücke bedeutet viel für die Region, da sie ihre Einbindung in den nationalen und europäischen Wirtschaftsraum fördert.

Wegen der Bedeutung des Bauwerks und seiner technischen Vielschichtigkeit wandte sich die Handelskammer von Le Havre – sie war für die Brücken der Stadt und die Auftragsvergabe für die neue

108-109 ■ Das schmale Band, das am Horizont im Nebel verschwindet, ist eigentlich eine robuste Stahlblechkonstruktion. Seine größte Fläche ist 21 m breit. Im Verhältnis zur Länge der Brücke sind selbst diese beachtlichen Ausmaße eher zu vernachlässigen.

Standort	Entwurf	Länge – Grösste Spannweite	Typ	Bauzeit
Le Havre Frankreich	Michel Virlogeux, François Doyelle, Charles Lavigne, Brice Girard	2.140 m 856 m	Schrägseil-brücke	1992–1995

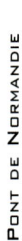

110 oben ■ Vier Spannseile hängen an jeder der Verankerungen, die in unterschiedlichen Höhen an den Brückentürmen angebracht sind. Je zwei tragen das Hauptfeld über dem Wasser, die beiden anderen sind an den Decken der Viadukte befestigt.

Pont de Normandie

110 unten ■ Die Spannseile hängen an der Trägerkonstruktion aus Stahl im Innern des betonverkleideten Turms.

111 ■ Die Fahrbahn führt durch die diagonal auseinander laufenden Schenkel der Brückentürme. Sie liegt 41 m über den Fundamenten auf dem Träger auf.

Brücke zuständig – an das Departmentbüro der „Équipment de Seine-Maritime". Das Büro kooperierte mit dem SETRA (dem französischen Straßenbauamt) und privaten Firmen. 1989 gab man Vorstudien und Entwürfe in Auftrag, die einem internationalen Komitee von Wissenschaftlern zur Prüfung vorgelegt wurden. 1990 begannen die Ausschachtungsarbeiten für die Fundamente, die Brücke selbst wurde zwischen 1992 und 1995 errichtet.

Bis 1999 hielt der Pont de Normandie den Rekord als längste Schrägseilbrücke der Welt. Dann wurde er von der Tatarabrücke in Japan überholt.

Die 2.141 m lange Konstruktion umfasst ein Haupttragwerk von 856 m Spannweite und zwei Seitenviadukte: Das südliche misst 548 m, das nördliche 738 m.

Die Viadukte bestehen aus durchgehenden Pfeilern aus Spannbeton mit Senkkästen, die

PONT DE NORMA
BIENVENUE
SOYEZ
PRUDENTS

112-113 ■ Der schwierigste Moment während der Montage: Der Kran zieht ein neues Teil hoch, das an das übrige Brückendeck angeschweißt wird.

113 oben rechts ■ Um die Wirkungen des Windes zu verringern, sind die Spannseile mit einem Korrosionsschutz aus Polyethylenhüllrohr ummantelt.

113 unten ■ Im Frühling 1993 hatte man die erste Baustufe erreicht: Die beiden mächtigen Brückentürme, die sich 215 m über dem Wasser erheben, waren fertig.

sich 100 m im Innern des Haupttragwerkes fortsetzen, einer Schrägseilkonstruktion mit unterschiedlichen Materialien: Ein 624 m langes Zwischenteil aus Stahl ist zwischen zwei Spannbetonelementen, die mit den seitlichen Viadukten verbunden sind, eingefügt.

Die Stützpfeiler aus Stahl und Stahlbeton ereichen eine Höhe von 215 m: Ein Stahlkern ist mit zwei Halbschalen aus Stahlbeton ummantelt. Der untere Teil in Form eines A verjüngt sich stark und erreicht 140 m. Darüber erhebt sich ein senkrechter „Kopfteil", in dem die Schrägseile verankert sind.

Während der dreijährigen Bauzeit war die Baustelle eine Attraktion für Fachleute und Studenten des Ingenieurwesens aber auch für die Allgemeinheit. Um diese Bedürfnisse zu befriedigen, beschlossen die Handelskammer in Le Havre und die „Mission Pont de Normandie", einen Stab fachkundiger Moderatoren zu engagieren, und veranstalteten „Tage der offenen Brücke". Ihre Initiative war äußerst erfolgreich und man erkannte ein ganz neues Phänomen, den „Techniktourismus". Das Bauwerk zog eine unvorhersehbar große Zahl von Besuchern an, etwa 70.000 Menschen im Jahr.

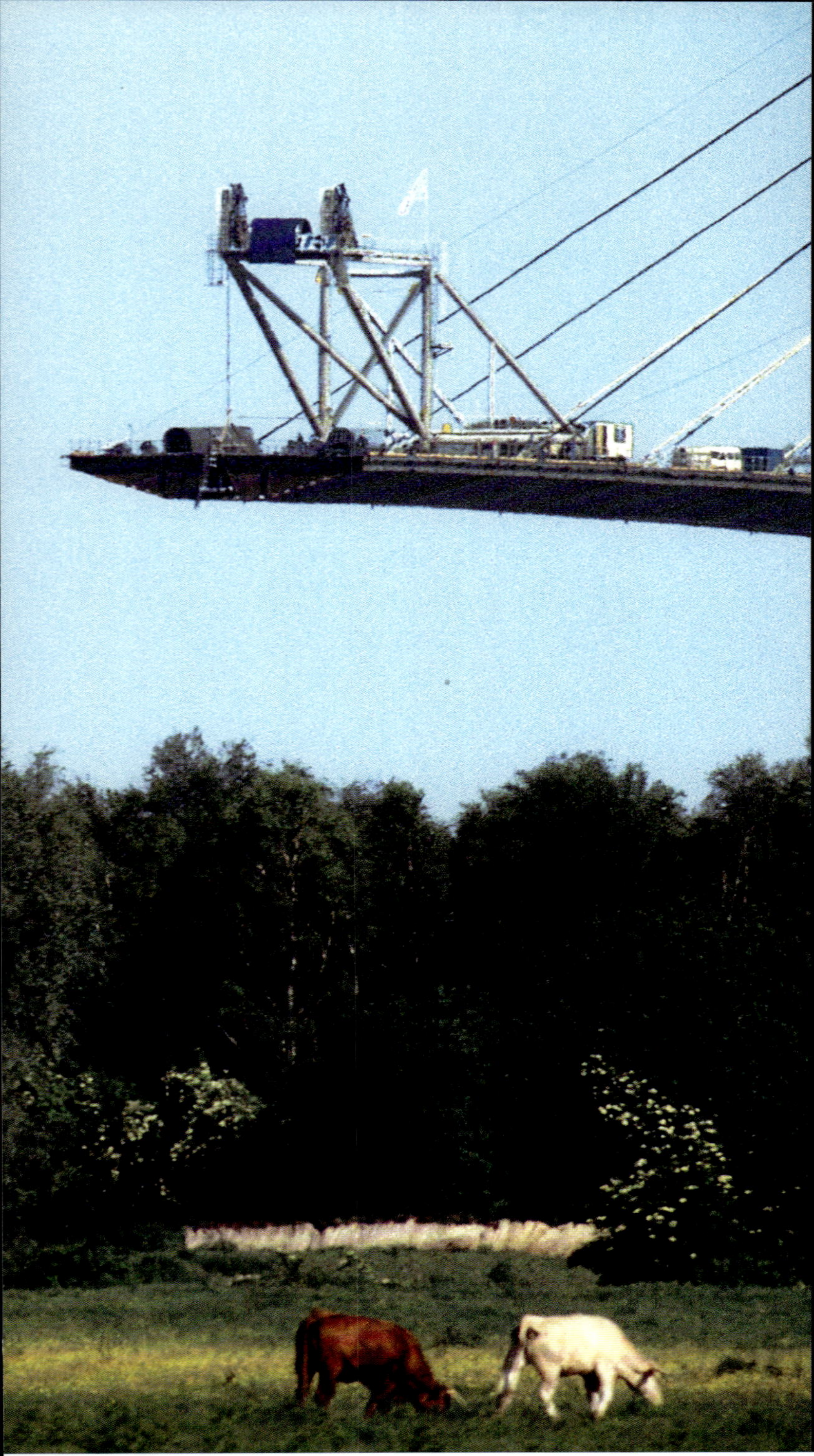

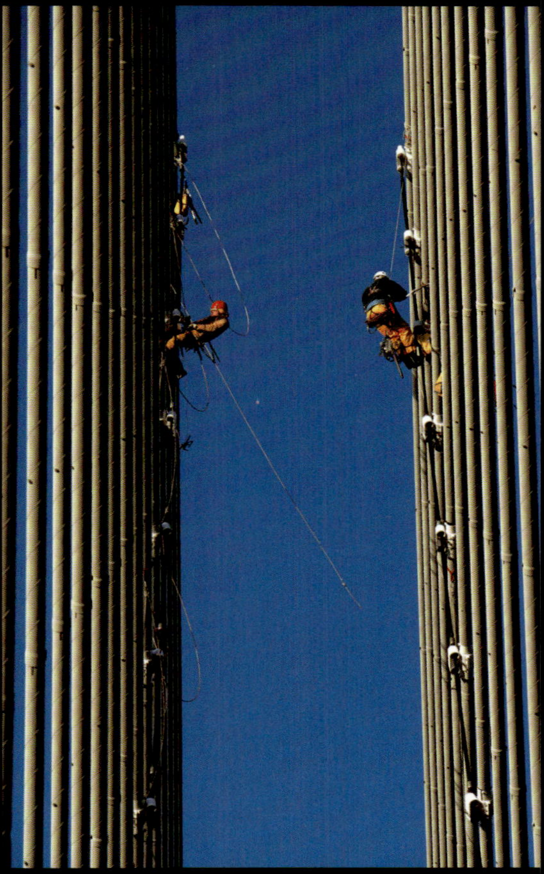

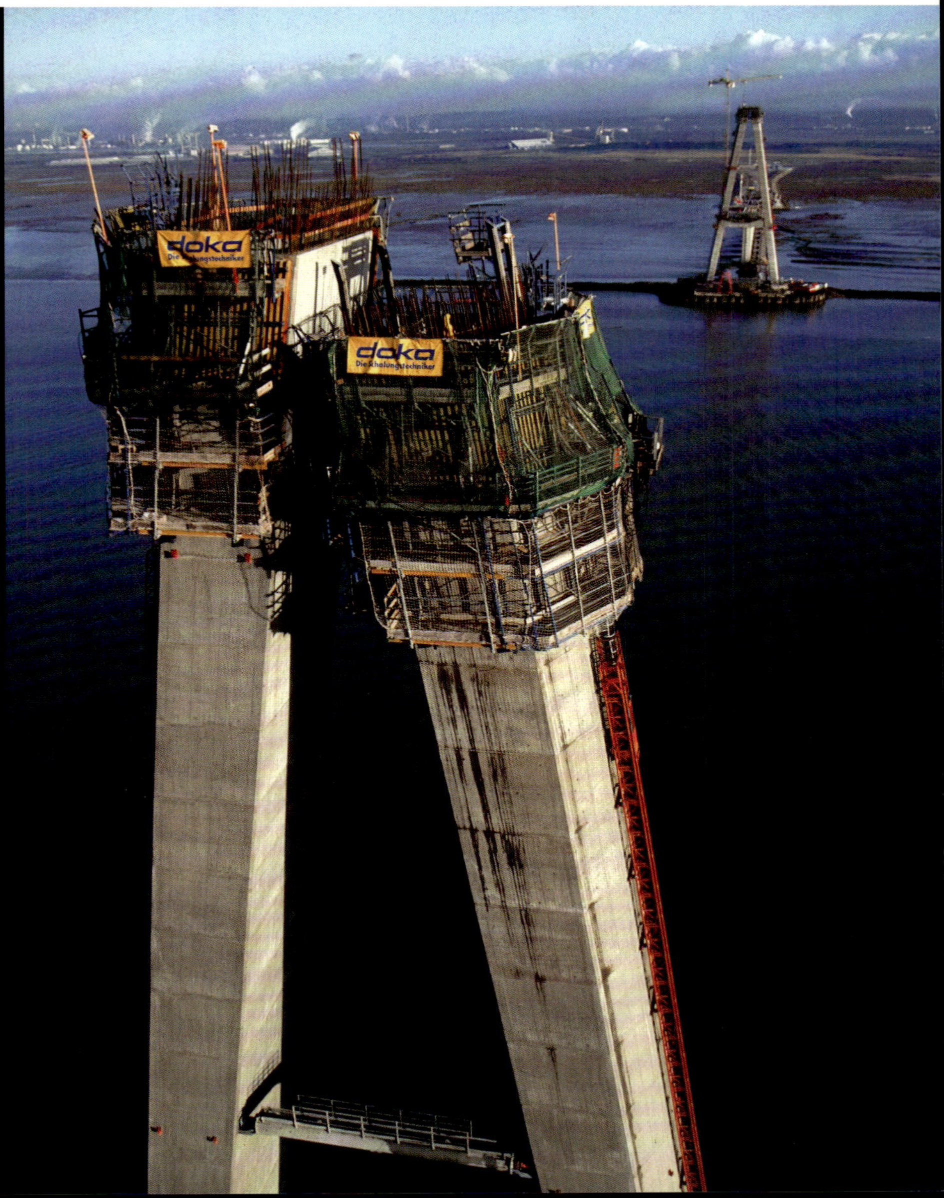
doka
Die Schalungstechniker

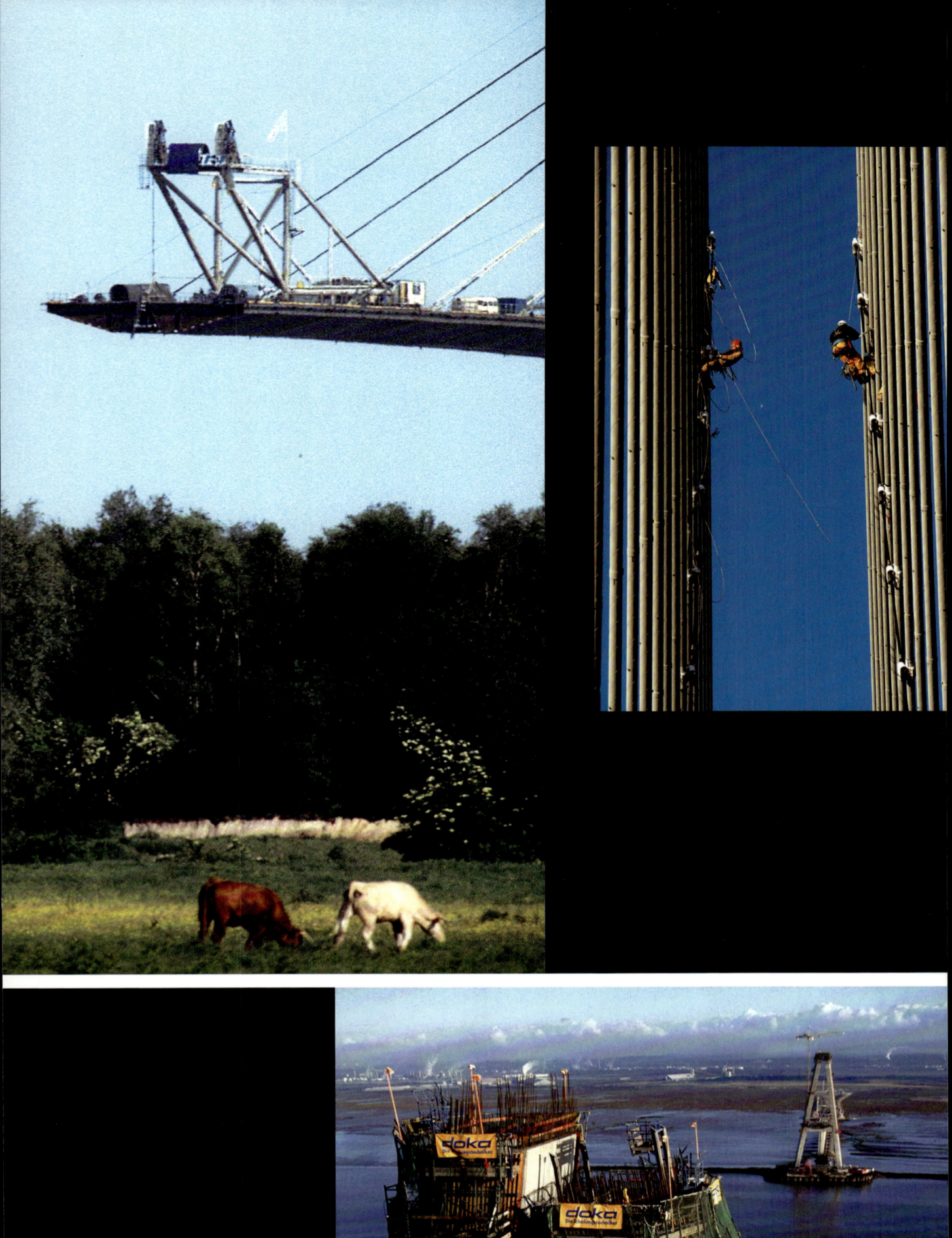

PONT DE NORMANDIE

114-115 ■ Die 92 Seile der Fächerabspannung verbinden das Deck des Hauptfelds mit den beiden Stützpfeilern.

115 unten ■ Die nächtliche Beleuchtung betont den Kontrast zwischen der scheinbaren Schwerelosigkeit des Brückendecks und den mächtigen Brückentürmen.

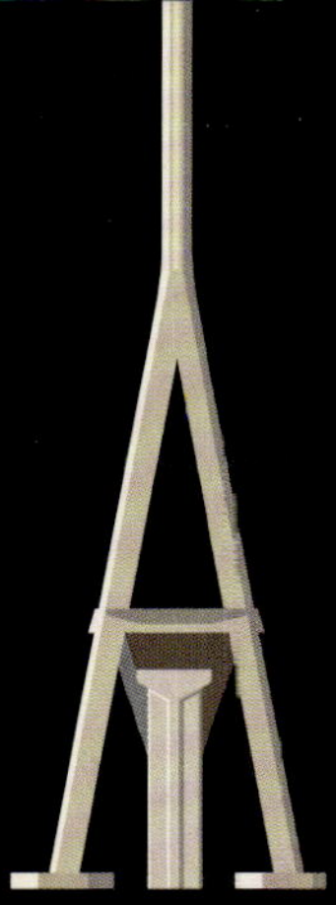

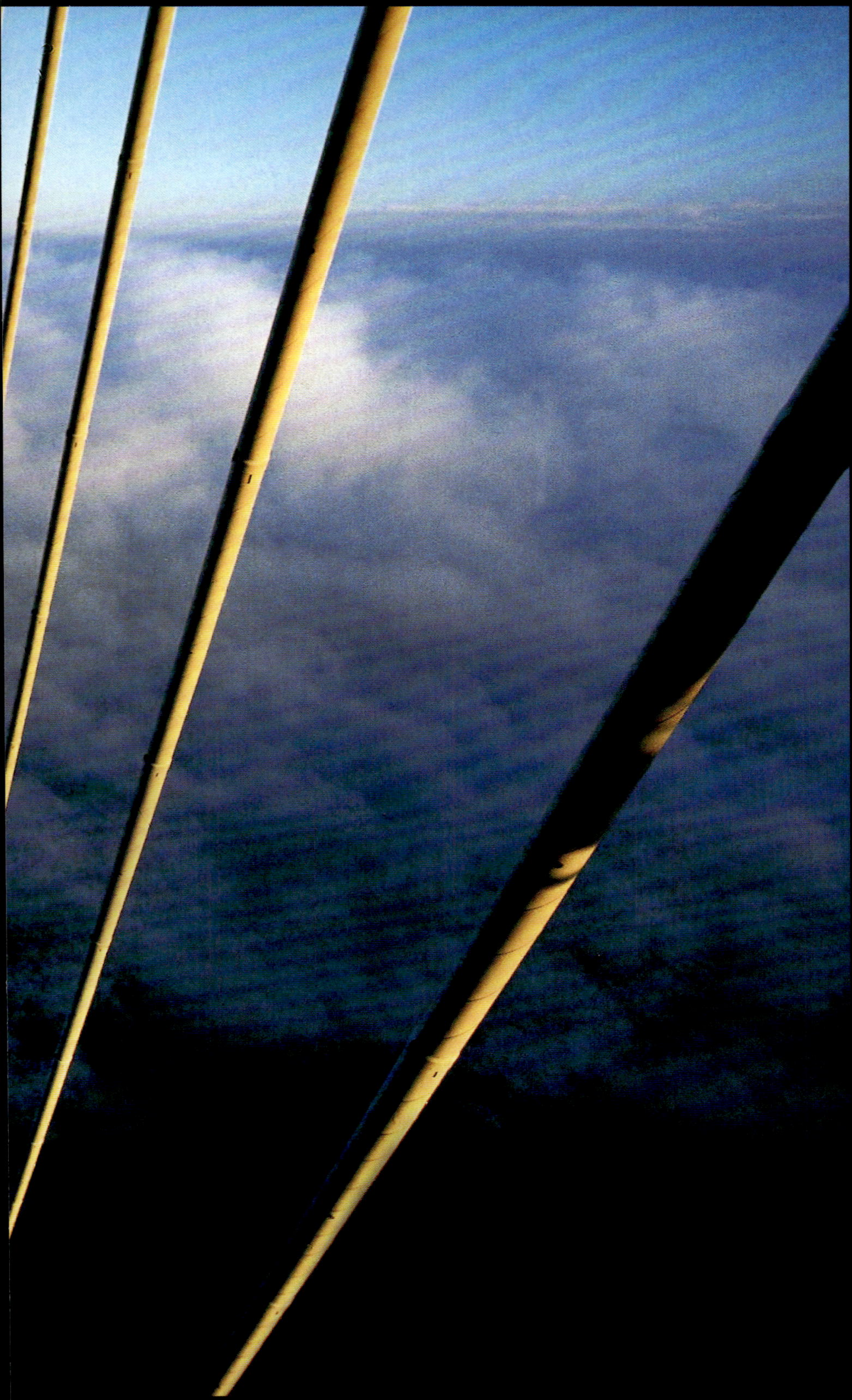

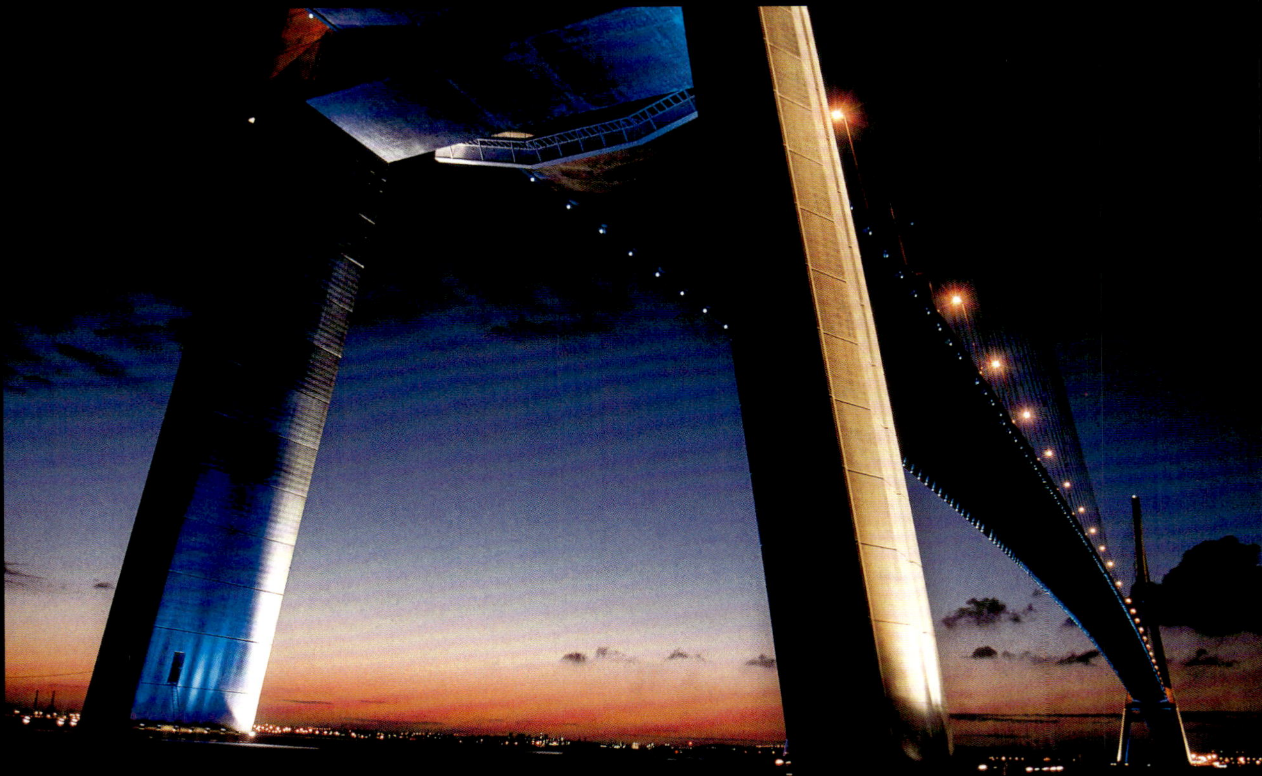

■ Ohnaruto-Brücke    ■ Akashi-Kaikyo-Brücke

■ Hitsuishjima-Seto-Brücke    ■ Iwakurojima-Brücke

■ Kurushima-Kaikyo-Brücke    ■ Omishima-Brücke

Die Dreierverbindungsbrücken
Honshu-Shikoku

(Japan)

Als man 1975 dieses Projekt auf den Weg brachte, wollte man die größte Insel Japans, Honshu, mit Shikoku, einer der anderen vier Hauptinseln Japans, verbinden. Dieses Projekt wurde 1976–1999 von der „Honshu-Shikoku Bridge Authority" verwirklicht. Teil des Plans waren drei große Straßen, die ungefähr in Nord-Süd-Richtung verliefen: Die Route Kobe–Naruto, die Route Kojima–Sakaide und die Route Honomichi–Imabari, die in der Nähe des 135., 134. und 133. östlichen Längengrads verlaufen. Die Hauptdarsteller dieses außerordentlichen Projekts sind die 18 Brücken, fast alle mit großen Spannweiten. Die meisten sind Hängebrücken (10) oder Schrägseilbrücken (5). Jeder der Konstruktionstypen hält hier den Längenrekord.

Die drei Straßen verbinden zahlreiche kleinere Inseln im Seto-Binnenmeer. Ihr Verlauf folgt dem natürlichen Weg, der sich aus der Lage der Inseln ergibt.

Die erste Hängebrücke, die Innoshima-Brücke, wurde 1977–1983 errichtet. Ihr Gelingen galt als Prüfstein der Richtlinien für die Entwürfe sämtlicher Hängebrücken des Projekts.

■ Die Route Kobe–Naruto, eine 89 km lange Autobahn, wurde 1976–1998 gebaut. Sie führt über die Insel Awaji und überquert zwei breite Meerengen: Akashi – 4 km lang – und Naruto – 1,3 km lang. Deshalb gibt es auf dieser Straße nur zwei Brücken: Die Akashi-Kaikyo-Brücke und die Ohnaruto-Brücke.

■ Die 39 km lange Route Kojima–Sakaide ist auch unter der Bezeichnung Seto-Chuo Expressway & JR Seto-Ohashi Line bekannt, da hier 32 km lang Autobahn und Eisenbahn übereinander verlaufen. Die Straße überquert fünf kleine

■ KITA-BISAN-SETO-BRÜCKE   ■ SHIMOTSUI-SETO-BRÜCKE

■ OSHIMA-BRÜCKE   ■ TATARA-BRÜCKE   ■ SHIN-ONOMICHI-BRÜCKE

117 unten ■ Um Honshu, Japans Hauptinsel – auf der Abbildung links –, und die Insel Shikoku zu verbinden, wurden drei Verbindungsrouten mit 18 Brücken gebaut.

Inseln, die fast in einer Linie liegen und sechs Meerengen überqueren. Der Komplex Seto-Ohashi-Brücke wird als Ganzes betrachtet. Er besteht aus sechs Brücken unterschiedlicher Länge und Bauart. Von Nord nach Süd heißen sie: Shimotsui-Seto-Brücke, Hitsuishjima-Seto-Brücke, Iwakurojima-Seto-Brücke, Yoshima-Brücke, Kita-Bisan-Seto-Brücke und Minami-Bisan-Seto-Brücke.

■ Die am östlichsten gelegene Route Honomichi–Imabari verläuft über acht Inseln im Seto-Binnenmeer; einige sind viel größer, als die Inseln auf der Route Kojima–Sakaide.

Auf der 59 Kilometer langen Strecke stehen zehn unterschiedlich lange Brücken verschiedener Konstruktionstypen: Shin-Onomichi-Brücke, Innoshima-Brücke, Ikuchi-Brücke, Tatara-Brücke, Omishima-Brücke, erste und zweite Hakata-Oshima-Brücke, und die Kurushima-Kaikyo-Brücke – letztere aus drei Hängebrücken über der Kurushima-Meerenge bestehend.

Zu den wichtigsten Brücken des Projekts gehören die Akahashi-Kayiko-Brücke, die Brücke mit der größten Spannweite überhaupt, und die Tatara-Brücke, die Schrägseilbrücke mit der größten Spannweite.

Standort	Entwurf	Länge – Grösste Spannweite	Typ	Bauzeit
Akashi (Japan)	Honshu-Shikoku Bridge Authority	3.911 m 1.991 m	Hängebrücke aus Stahl	1989–1999

Akashi-Kaikyo-Brücke

über die Meerenge von Akashi (Japan)

Die Akashi Kaikyo Bridge ist die längere der beiden Brücken an der Route Kobe–Naruto. Die imposante Hängebrücke verbindet die Inseln Honshu und Awaji. Sie besteht aus drei Abschnitten und ist die Brücke mit der größten Spannweite. Sie ist länger als die Humber Bridge (die vorherige Rekordhalterin) und länger als die gleichzeitig gebaute Ostbrücke über den Großen Belt. Die größten Spannweiten der drei Brücken sind 1.991 m, 1.410 m und 1.624 m.

Der Konstruktionstyp der Brücke wurde mit Rücksicht auf die lokalen Bedingungen ausgesucht: den Schiffsverkehr auf der 1,5 km breiten, viel befahrenen Wasserstraße und den Fischfang an den beiden Ufern.

Die riesigen Maße der Brücke über die Meerenge von Akashi und die natürlichen Umweltbedingungen erforderten genaueste Berechnungen. In ihrer Planung mussten die Ingenieure die kräftigen Stürme und die häufigen, schweren Erdbeben berücksichtigen, denen die Konstruktion ausgesetzt sein würde. Die Akashi-Kaikyo-Brücke bot Gelegenheit, neue Methoden zur Berechnung des Erdbebenschutzes und Maßnahmen gegen die seitlichen Windkräfte auszuprobieren. Man fügte Stabilisatoren in den Brückenträger ein. Damit war man in der Lage, den Wind zu lenken und den unregelmäßigen Druck der Windkräfte auf die Oberfläche auszugleichen. Die 283 m hohen Stahlpfeiler wurden mit zusätzlicher Masse gefüllt, um durch Taifune verursachte Schwingungen der Brücke zu verringern. Ihre aerodynamische Standfestigkeit prüfte man in einem Windkanal an einem dreidimensionalen Modell im Verhältnis 1:100.

118 ■ Die Planer der Akashi-Brücke arbeiteten unter besonders schwierigen Umweltbedingungen. Dennoch lösten sie die technischen Probleme, ohne den optischen Aspekt zu vernachlässigen.

118-119 ■ Das an den Spannseilen eingehängte Brückendeck ruht an den Endpunkten auf Widerlagern. Die Struktur des Stahlgitterwerks erinnert an Halbsäulen.

Neben den Planungsproblemen gab es Schwierigkeiten bei der Ausführung – bei einem Projekt dieser Größenordnung wohl unvermeidlich. Wegen der problematischen Bodenbeschaffenheit und der starken Strömungen in der Meerenge kam es während der Arbeiten an den Pfeiler-Fundamenten zu Pannen. Für die Pfeiler verwendete man Senkkästen aus Stahl mit einem Durchmesser von 73 m. Der Wind wurde während der Montage der Brückenteile zu einem dauerhaften Problem, besonders bei den hohen Pfeilern.

Der Brückenbau, 1989 begonnen, dauerte zehn Jahre und die Konstruktion musste eine Prüfung bestehen, die nicht eingeplant war. Am 17. Januar 1995 schob ein heftiges Erdbeben, dessen Epizentrum genau zwischen den Brückenpfeilern lag, die Brücke an dieser Stelle um einen Meter auseinander ohne andere Teile ernsthaft zu beschädigen. Der Entwurf wurde unter den neuen Aspekte geprüft. Der Bau konnte fortgesetzt und unfallfrei vollendet werden. Am 5. April 1998 wurde die Brücke für den Verkehr geöffnet.

Die Konstruktion besteht aus zwei Stützpfeilern, den Abspannseilen und dem Brückenträger. Jeder Stützpfeiler besteht aus zwei Teilen, die sich nach oben hin überschneiden. Sie sind mit fünf kreuzförmigen Elementen und zwei Querverstrebungen verbunden. Die Abspannseile sind dank der hohen Widerstandsfähigkeit des Stahls sehr dünn. Das Stahlgitter-Tragwerk wirkt ebenfalls schlank, wenn man es mit der Länge der Brücke und der Höhe der Brückenpfeiler vergleicht. Die graugrüne Farbe wurde mit Absicht gewählt, um die Brücke harmonisch auf ihr städtisches Umfeld abzustimmen – im Kontrast zu den Farben des Meeres und des Himmels.

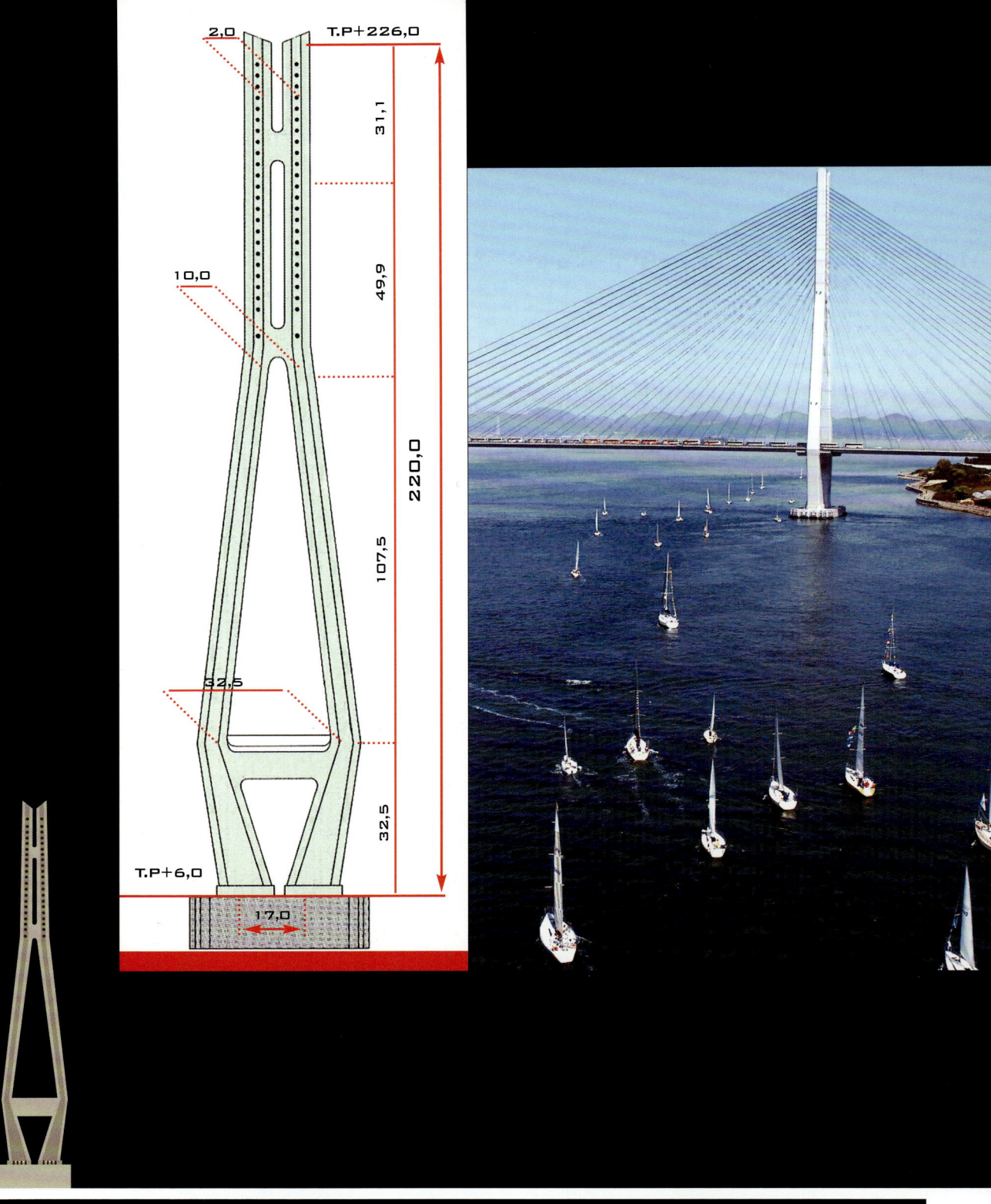

Standort	Entwurf	Länge – Grösste Spannweite	Typ	Bauzeit
Seto-Binnenmeer (Japan)	Honshu-Shikoku Bridge Authority	1.480 m / 890 m	Schrägseil-Brücke	1990–1999

Tatara Bridge

über das Seto-Binnenmeer (Japan)

Die Tatara Bridge verbindet die Inseln Ikuchijma und Omishima. Von den zehn Brücken auf der Route Honomichi–Imabari ist sie die bedeutendste; einmal wegen ihrer Länge (1.480 m), außerdem ist sie die Schrägseilbrücke mit der größten Spannweite weltweit, sie beträgt 890 m. Damit übertrifft sie die Spannweite des Pont de Normandie um 34 m. Diese Brücke hielt bis 1995 den Spannweitenrekord.

Die Brücke besteht aus drei Teilen: Die beiden Seitenträger (270 m und 320 m lang) aus Spannbeton bilden das Gegengewicht zum 890 m langen Mittelfeld aus Stahl. Es besteht aus hohlen Modulen mit zwei seitlichen Auswölbungen. Auf dem 21,8 m breiten und 2,7 m hohen Mittelteil verläuft die vierspurige Straße, auf den 4,4 m breiten Auswölbungen Fahrrad- und Fußweg. Die Brückentürme aus Stahlbeton erheben sich bis 226 m über dem Wasser. Unterhalb des Brückendecks sind sie wie ein V geformt, im oberen Teil wie ein auf dem Kopf stehendes Y. Der Fuß des Y teilt sich in zwei parallele Elemente, die oben schräg zusam-

120 ■ Für den nach aerodynamischen Erfordernissen entworfenen Turm der Tatara Bridge hat man die harmonischste der technisch annehmbaren Formen gewählt.

120-121 ■ Die klare, sachliche Konturen der längsten Schrägseilbrücke der Welt heben sich im melancholischen Abendlicht streng und großartig von der Kulisse des Seto-Binnenmeers ab.

menlaufen. Die optimale Verbindung zwischen technischen und optischen Bedürfnissen ist das Ergebnis der sorgfältigen Arbeit eines Teams aus Ingenieuren, Architekten und Künstlern.

Nachdem man sich für die Form eines umgedrehten Y entschieden hatte, weil sie technisch besonders geeignet war, wurden vier Vorschläge zur Auswahl erstellt. Der schräge Zuschnitt, der sich wegen seiner aerodynamischen Eigenschaften anbot, schien auch aus optischen Gründen optimal zu sein. Da man Ungleichgewichtungen durch die mehr oder weniger dicht gezogenen Schrägseile an den Brückenabschnitten vermeiden wollte, baute man einen Übergangsteil, die diese unangenehmen Effekte milderte.

Der Bau der Tatara-Brücke brachte alle Schwierigkeiten mit sich, die eine so große Konstruktion an einem Ort mit starken Stürmen und häufigen Erdbeben aufweist: Während der neunjährigen Bauzeit wurden einige Teile des Originalentwurfs (nach Windkanaltest mit einem Modell im Maßstab 1:50) verändert.

122-123, 122 unten ■ Die Tsing-Ma-Hängebrücke, das Ma-Wan-Viadukt, das die Insel überspannt, und die Kap Shui-Schrägseilbrücke gehören zum Lantau-Link, der Hongkong mit dem Flughafen verbindet.

Die Tsing-Ma-Hängebrücke, wichtigstes Bauwerk des Lantau-Links, hält den Rekord als längste kombinierte Eisenbahn- und Straßenhängebrücke der Welt.

Tsing-Ma-Brücke

über den Ma-Wan-Kanal in Hongkong (China)

Die Tsing-Ma-Bridge verbindet die kleinen Inseln Tsing Yi und Ma Wan. Sie ist Teil des Lantau-Links, der Verbindung zwischen den Inseln Kowloon und Lantau, zu dem außer der Tsing-Ma-Brücke noch der 700 m lange angehobene Ma-Wan-Viadukt, der die Insel überspannt, und die Kap-Shui-Mun-Brücke zwischen Ma Wan und Lantau gehören.

Die Tsing-Ma-Brücke, der wichtigste Teil dieser Verbindung, wurde zwischen 1992 und 1997 nach einem Entwurf von Yee Associates gebaut. Sie hält den Rekord als längste kombinierte Eisenbahn- und Straßenhängebrücke. Als Konstruktionstyp bot sich hier eine Hängebrücke an.

Die Tsing-Ma-Brücke besteht aus einem hängenden Mittelfeld von 1377 m Spannweite und zwei Seitenteilen, einem hängenden und einem aufliegenden. Die Zugseile aus äußerst widerstandsfähigem Stahl haben ein Durchmesser von 1,1 m. Sie sind an den Enden in robusten Stahlbetonelementen verankert und werden von zwei 206 m hohen Brückentürmen gehalten. Beide Türme stehen nicht im Wasser: Der Turm auf der Seite von Tsing Yi steht auf der Insel selbst, der andere Turm auf der Südseite auf einer 120 m vom Ma-Wan-Ufer entfernten künstlichen Insel.

Die Stahlbetontürme bestehen aus zwei runden Säulen, die mit drei Querträgern verbunden sind. Über den

STANDORT	ENTWURF	LÄNGE – GRÖSSTE SPANNWEITE	TYP	BAUZEIT
HONGKONG (CHINA)	MOTT MACDONALD UND YEE ASSOCIATES	2.200 M 1.377 M	HÄNGEBRÜCKE	1992–1997

124-125 ■ Die beiden Zugseile von 1,1 m Durchmesser bestehen aus 33.000 Drähten aus galvanisiertem Stahl, die jeweils 5,38 mm dick sind.

Spitzen der Türme erheben sich Elemente aus Gusseisen, in denen die Trossen eingehängt sind. Das Brückendeck besteht aus vorgefertigten Stahlelementen, die in Großbritannien und Japan hergestellt wurden. Die 96 Einzelteile wurden dann in Dongguan (China) montiert. Sie sind jeweils 18 m lang, 55 m breit und 7,8 m hoch.

Der Abschnitt besteht aus einem 41 m breiten rechteckigen Tunnel, an den seitlich zwei Dreiecke eingehängt sind. Die sechs Fahrspuren verlaufen auf der Oberseite des Tunnels, durch dessen Mittelteil eine zweigleisige Eisenbahnstrecke führt. An den Seiten sind zwei Einbahnspuren untergebracht. Sie dienen als Zugang für Wartungsfahrzeuge oder als Notspur für den Straßenverkehr. In den beiden seitlichen Gängen sind die Leitungen und ein Inspektionsgang untergebracht.

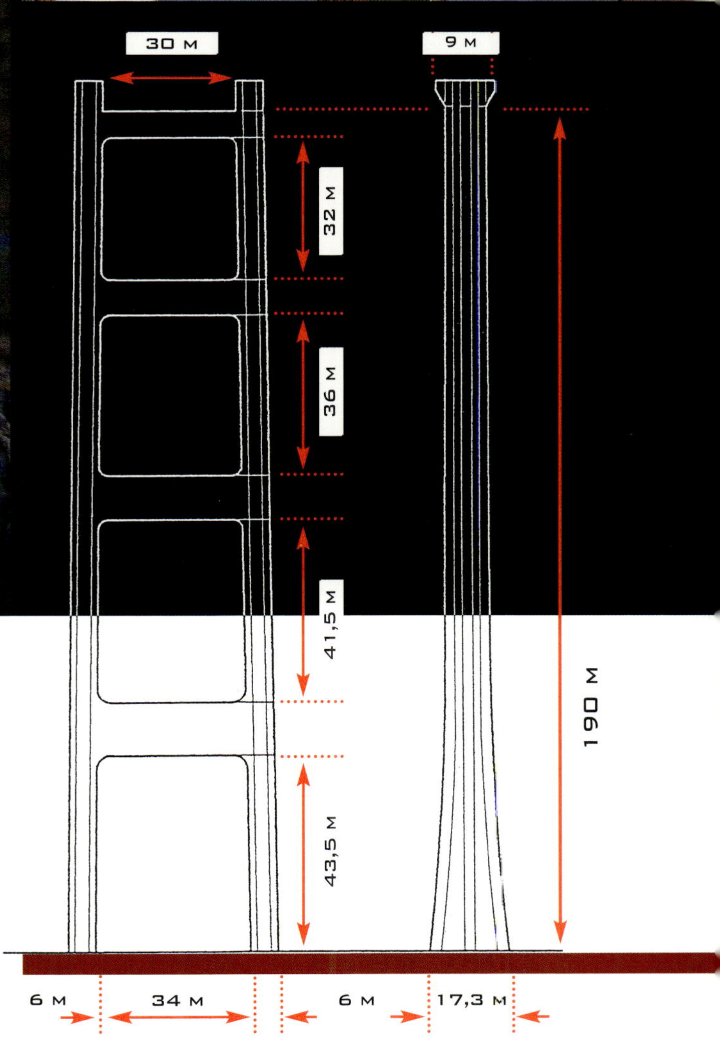

Das Brückendeck wurde erst ganz am Ende der Bauzeit angebracht: Per Schiff brachte man jeweils zwei Elemente heran, fuhr sie in die richtige Position und hob sie an Zugseilen hoch, die an denen die bereits vorhandenen Trossen hingen.

Nachts leuchtet die Tsing-Ma-Bridge, das Wahrzeichen Honkongs, effektvoll in vielerlei Farben.

124 unten ■ Im Hohlkörper des Tragwerkes verlaufen zwei Eisenbahntrassen; an den Seiten finden Wartungs- und Notwege Platz.

125 oben ■ Die beiden Pfeiler der Brückentürme aus Stahlbeton werden von Querriegeln versteift.

125 unten ■ Die Türme stehen auf flachem Felsgrund und erreichen eine Gesamthöhe vom 206 m über dem Meeresspiegel.

Storebælt-Brücke

Zwischen Fünen (Fyn) und Seeland (Sjælland) (Dänemark)

126-127 oben ■ Die Brückenpfeiler sind 254 m hoch. Von den Spitzen sieht man im Westen die Insel Sprogø und in größerer Entfernung, am Ende der Westbrücke, die Insel Fünen.

126-127 unten ■ Die Storebælt-Brücke besteht aus zwei Abschnitten, beiderseits der Insel Sprogø. Der östliche Teil besteht aus einer Hängebrücke für den Autoverkehr und einem Eisenbahntunnel.

Aus sozioökonomischen und technischen Gründen gehört die Storebœlt-Brücke zu den wichtigsten Meisterwerken der Ingenieurskunst des ausgehenden 20. Jahrhunderts. Die Brücke führt mit zwei nebeneinander liegenden Viadukten – einer Eisenbahntrasse und einer Straße – aus vorgefertigten Stahlbetonteilen über sechs Kilometer zur Insel Sprogø, dies ist der als „Westbrücke" bezeichnete Westteil der Verbindung. Dann führt die Eisenbahntrasse durch einen unterseeischen Tunnel, die Straße mündet in die „Ostbrücke", die aus einer Hängebrücke und zwei Viadukten besteht. Die Storebœlt-Brücke wurde 1991 bis 1998 gebaut und parallel zur Øresund-Brücke (1995–2000 gebaut), die Dänemark mit Schweden verbindet, entworfen. So schloss man das letzte Glied der Verbindung zwischen Norwegen, Schweden, Dänemark und Deutschland; die skandinavische Industrie erwartete, dass damit der Handelsaustausch zwischen der Südküste Spaniens und der Westküste Norwe-

128 oben links ■ Durch den Bau eines Modells hat das Büro Dissing+Weitling die optische Wirkung der Brückenteile, u. a. der Verankerungen, abschätzen können.

128 unten links ■ Die Brückenplattform wurde von der Mitte aus gebaut. Die Einzelteile wurden gleichmäßig von beiden Seiten hochgehievt und verankert.

128 rechts ■ Die richtige Methode, mit der Dissing+Weitling die optischen Probleme der Bauwerke anging: die Analyse der Lichtwirkungen auf Konstruktionsskizzen.

129 ■ In der Nähe der Verankerungen werden die Spannseile in Litzen geteilt, die einzeln befestigt werden.

130-131 ■ Auf den Spitzen der Brückenpfeiler werden die Seile gespannt, dahinter sieht man den Teil des Meeres zwischen den Inseln Fünen und Seeland.

131 unten ■ Die nächtliche Beleuchtung verleiht der Brücke, die sich mitten im Meer erhebt, eine besondere Ausstrahlung.

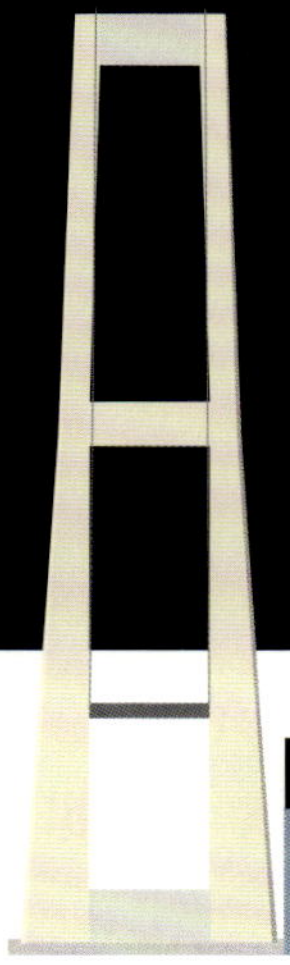

Standort	Entwurf	Länge – Grösste Spannweite	Typ	Bauzeit
Zwischen Fünen und Seeland (Dänemark)	Dissing+ Weitling	6.800 m 1.624 m	Hängebrücke	1991–1998

gens belebt werden könnte. Die westlich und östlich der „Ostbrücke" angebrachten Viadukte sind 1.538 bzw. 2.530 m lang. Die auffälligste Konstruktion des Ensembles, die Hängebrücke, hat ein Mittelfeld von 1.624 m Länge – nur die Akashi-Kaikyo-Brücke übertrifft sie mit 1.990 m Länge – und zwei Seitenfeldern von 535 m Länge. Das Brückendeck ist aus Stahl, die Stützpfeiler aus Stahlbeton. Die Stützmasten erheben sich 254 m über dem Meer, sie bestehen aus zwei Hohlpfeilern, die sich nach oben hin verjüngen und durch zwei Querriegel verbunden sind. Der rechteckige Zuschnitt der Pfeiler ist im oberen Teil leicht verändert, stärker unterhalb der Fahrbahn. Diese Form war technisch notwendig – man musste den Pfeiler gegen die Windkräfte absichern, die aus der Richtung des Brückendecks angreifen – und optisch gelungen. Besonders intensiv hat man sich mit dem Aussehen der Verankerungen der Hängeseile befasst. Man wollte vermeiden, dass die schlanke Form der Brücke durch zu mächtige Bauteile beeinträchtigt würde. So hat man die Verankerungsblöcke aus zwei getrennten Dreiecken gebaut.

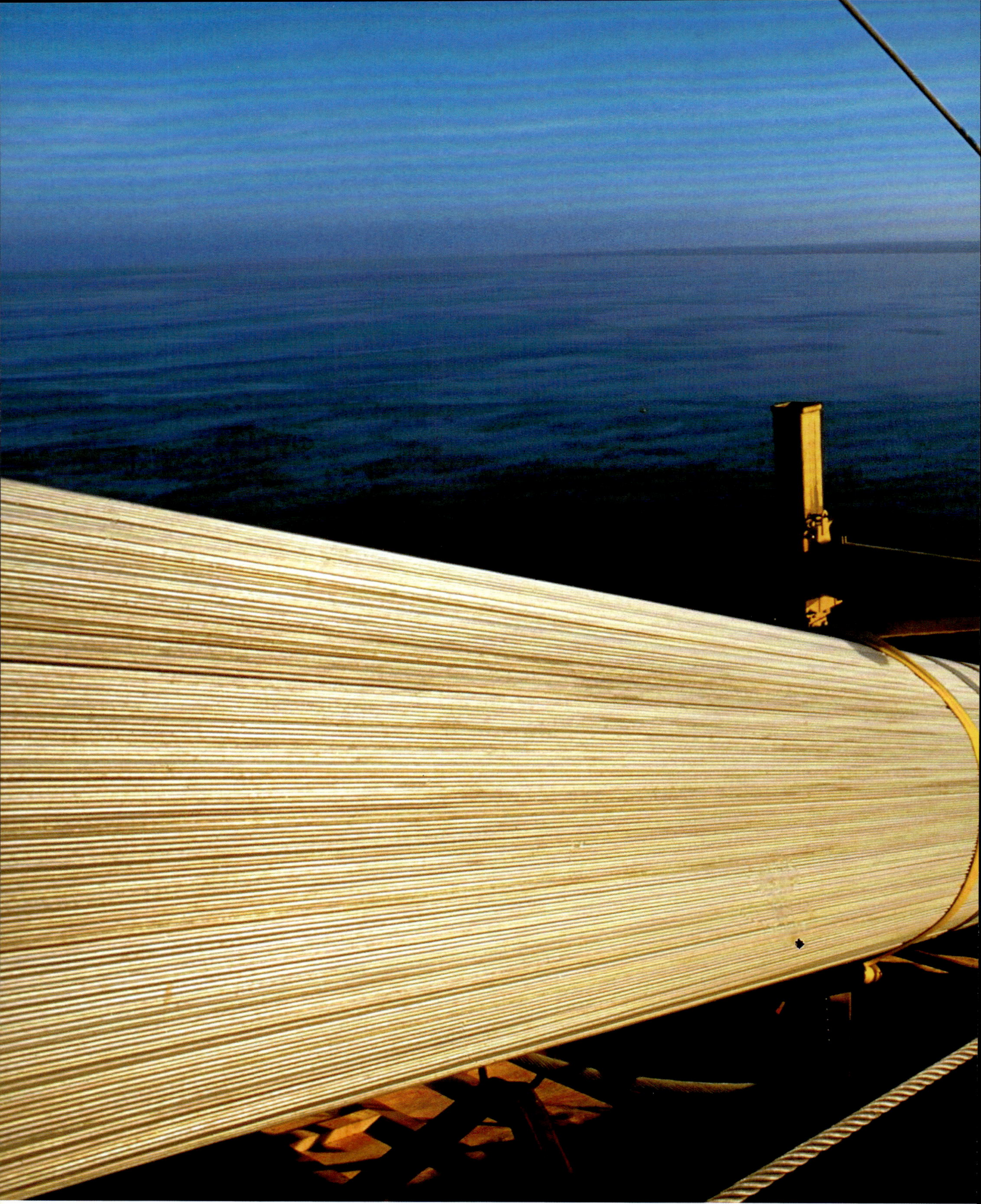

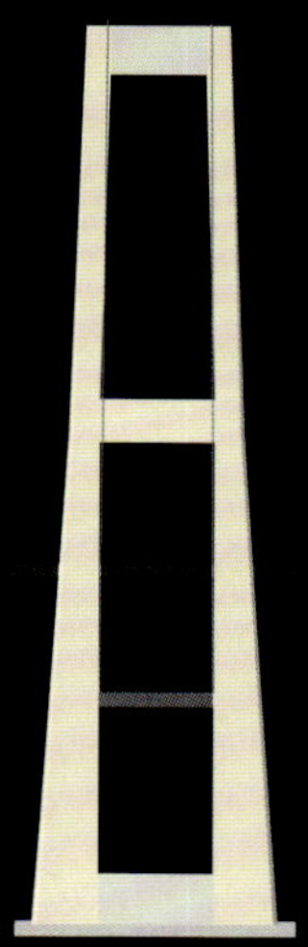

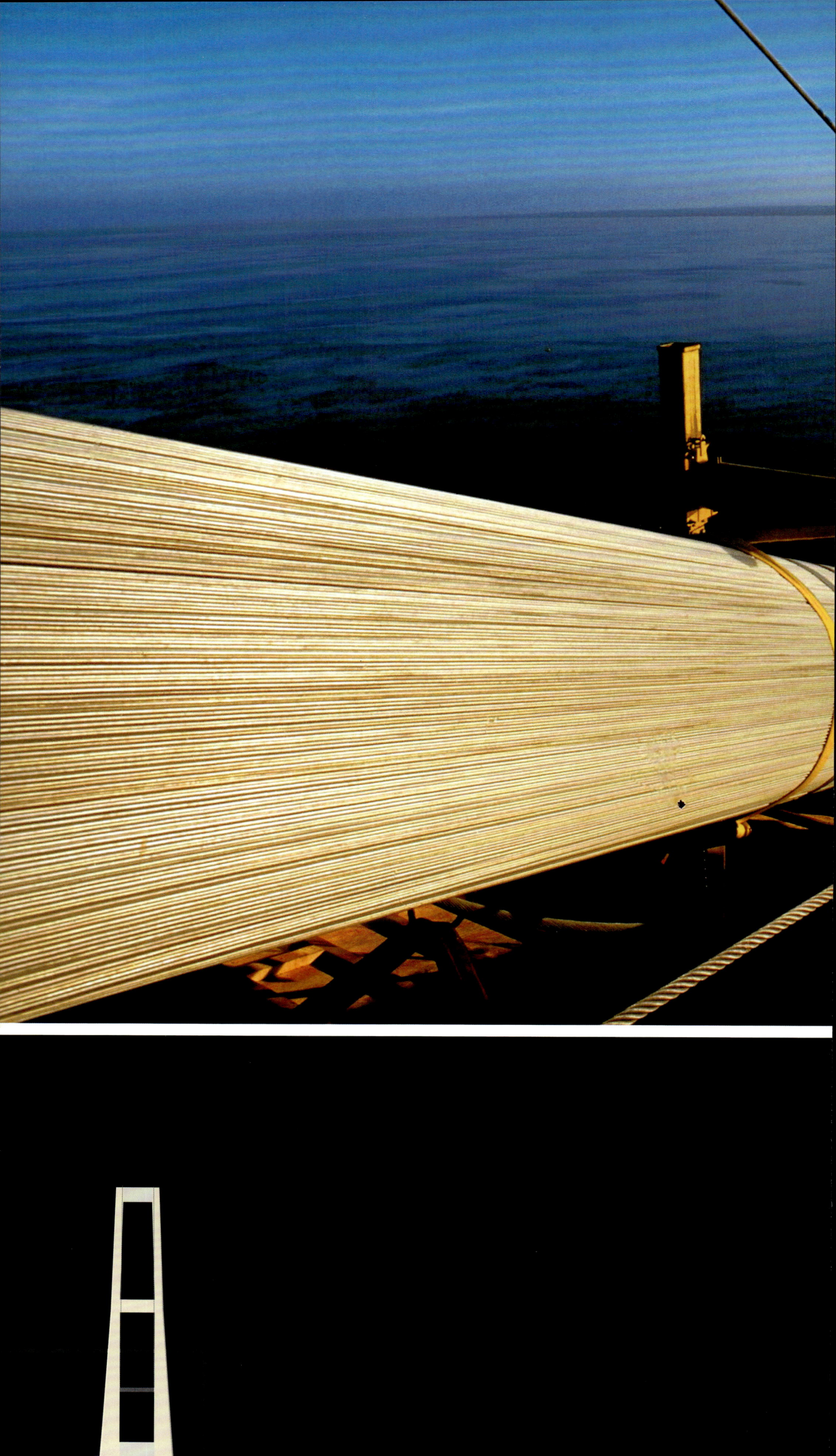

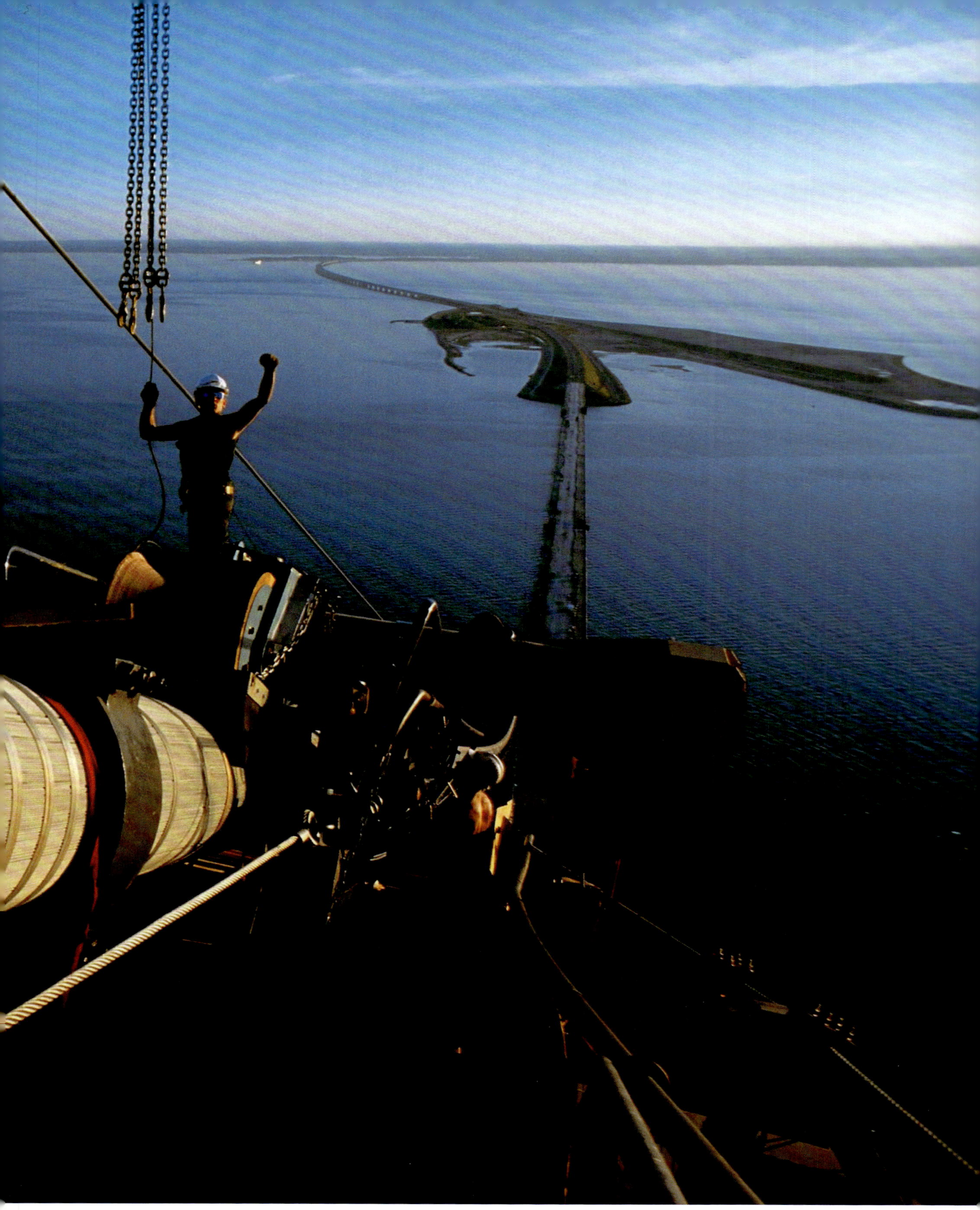

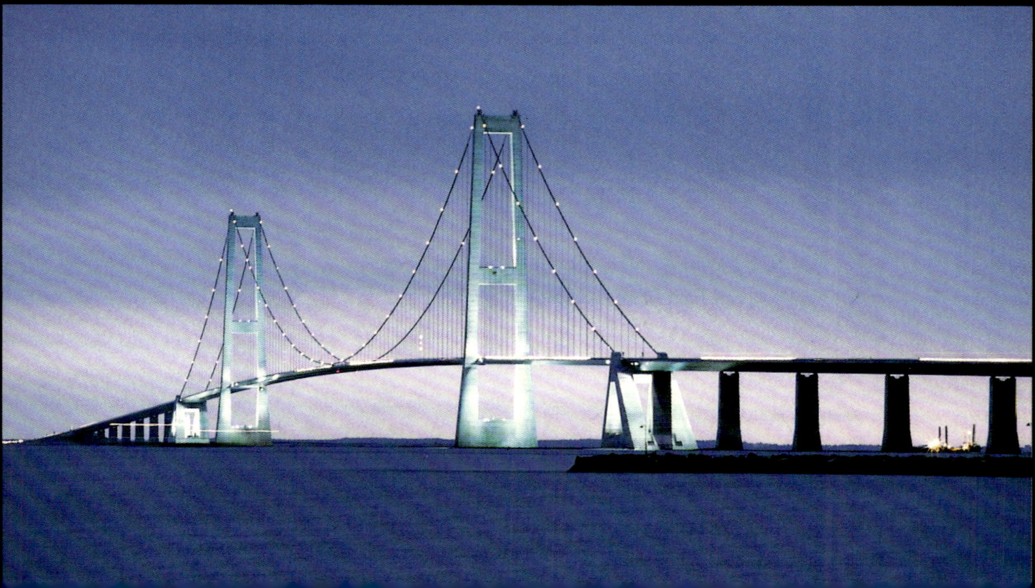

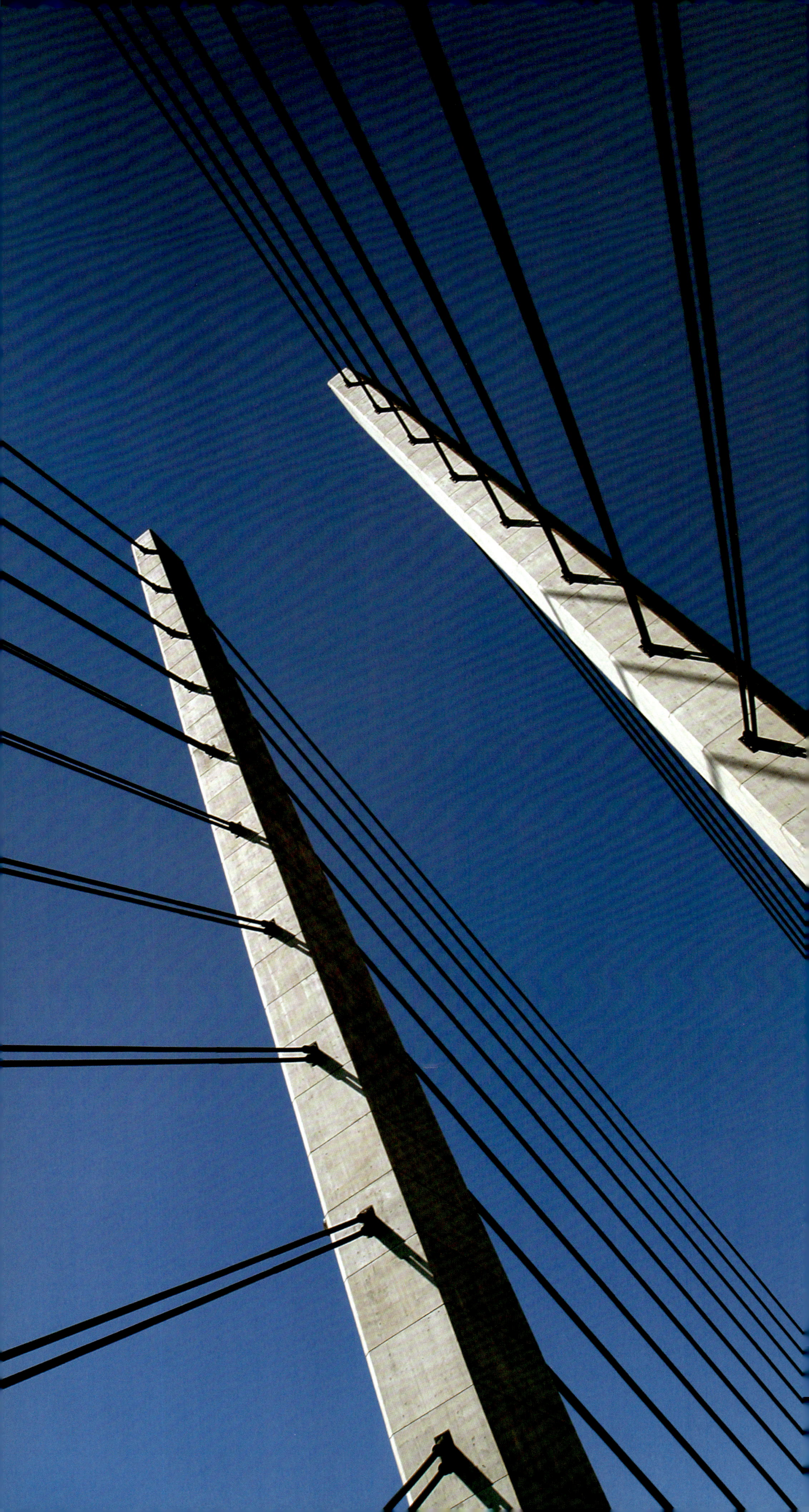

ØRESUND-BRÜCKE

ÜBER DEN ØRESUND
ZWISCHEN DÄNEMARK UND SCHWEDEN

Die Idee, eine Verbindung zwischen Dänemark und Schweden zu schaffen, geht auf das Jahr 1988 zurück. Damals sprach man davon, einen Durchgang unterhalb der Meeresoberfläche zu bauen, dieser Plan wurde aber nicht verwirklicht – wie so viele andere aus späterer Zeit. Ein Projekt, das durch den Zweiten Weltkrieg unterbrochen und in den Sechzigerjahren wieder aufgenommen wurde, führte ebenfalls zu keinem Ergebnis.

1991 schlossen die beiden Regierungen ein Abkommen über eine ständige Verbindung über den Øresund. Der Vertrag legte fest, dass als Kriterien für den Bau berücksichtigt werden sollte, „was ökologisch vertretbar, technisch möglich und wirtschaftlich vernünftig sei, mit dem Ziel, jeden schädlichen Einfluss auf die Umwelt zu vermeiden".

1992 wurde das Øresund-Konsortium gegründet. Es war für die Finanzierung, Planung, Ausführung und den Betrieb der Verbindung zwischen Kopenhagen und Malmö verantwortlich. Im selben Jahr schrieb das Konsortium einen internationalen Wettbewerb aus, den die ARUP gewann.

In das 1.092 m lange Viadukt, das in der Form eines großzügig geschwungenen „C" verläuft, ist die Øresund-Brücke eingefügt. Sie überspannt den schiffbaren Filtrannan-Kanal mit einem Bogen von 490 m Spannweite.

Die gleichmäßige Linie der horizontalen Brückenfelder vermittelt dem Ganzen ein einheitliches Bild. Die Stahlbeton-Stützsockel harmonieren gut mit den 200 m hohen Brückentürmen.

---

132 ■ Die Schrägseilbrücke hat zwei Pfeilerpaare, die sich bis zur Höhe von ca. 200 m ohne Verbindung oberhalb der Fahrbahn in den Himmel erheben. Die Seile sind parallel zueinander angeordnet.

133 ■ Die Øresund-Seeverbindung – von Küste zu Küste 16 km lang – verbindet die Städte Kopenhagen und Malmö. In den ersten 15 Monaten nach der Öffnung überquerten mehr als 5 Millionen Menschen die Brücke im Auto oder mit dem Zug.

Standort	Entwurf	Länge – Grösste Spannweite	Typ	Bauzeiz
ØRESUND (DÄNEMARK SCHWEDEN)	GEORG ROTNE	1.092 M 490 M	SCHRÄGSEILBRÜCKE AUS STAHL	1995–2000

134 oben ■ Während man die Pfeiler baute, arbeitete man gleichzeitig an der Brückenplattform weiter; sie wurde zeitweise von provisorischen Stützen gehalten.

134 unten ■ Der elegante, lange Viadukt und die hohen Schrägseile sind schon aus großer Entfernung zu erkennen und versetzen den Autofahrer, der sich nähert, in Staunen.

Jedes Brückenfeld ist ein schlichtes, strapazierfähiges, vorgefertigtes Teil: eine Gitterkonstruktion, die im Profil wie ein umgedrehtes Trapez aussieht und widerstandsfähig genug für das Deck einer Schrägseilbrücke ist. Im unteren Mittelteil verläuft in einer Tunnelröhre die zweigleisige Trasse für Hochgeschwindigkeitszüge, darüber schlängelt sich die vierspurige Autobahn.

Die Schrägseile sind in Harfenform zusammengefasst, die vertikale Position der Seilflächen betont diesen optischen Effekt. Verstärkt wird der Eindruck dadurch, dass jede Seilfläche von einem der scheinbar einzeln stehenden Brückentürme gehalten wird, die indes unterhalb des Brückendecks verbunden sind. Noch ein Konstruktionsdetail unterstreicht die Harfenform: Die Schrägseile verlaufen in die gleiche Richtung wie die Diagonalen der Trägerkonstruktion.

38,8 M

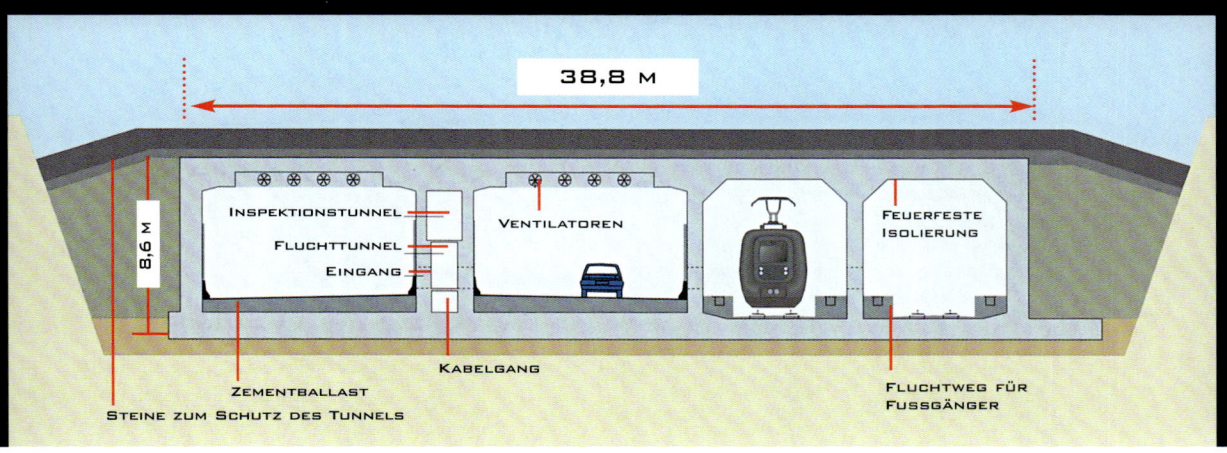

8,6 M

INSPEKTIONSTUNNEL
FLUCHTTUNNEL
EINGANG
VENTILATOREN
FEUERFESTE ISOLIERUNG
KABELGANG
ZEMENTBALLAST
STEINE ZUM SCHUTZ DES TUNNELS
FLUCHTWEG FÜR FUSSGÄNGER

134-135 ■ Im Innern der Brücke verläuft eine Trasse für zwei Eisenbahnlinien, auf der oberen Ebene eine breitere Fahrbahn.

135 oben rechts ■ Die Pläne zeigen vier Bauabschnitte und die Lage der provisorischen Stützen im Hauptfeld der Brücke.

135 Mitte ■ Der Abschnitt zwischen Kopenhagen und der künstlichen Insel Peberholm besteht aus vier Tunnelröhren: zwei für die Eisenbahn, einen für Wartungsarbeiten und einen Nottunnel.

135 unten ■ Diese Abbildung zeigt die Bauabschnitte eines Pfeilerpaars im Detail.

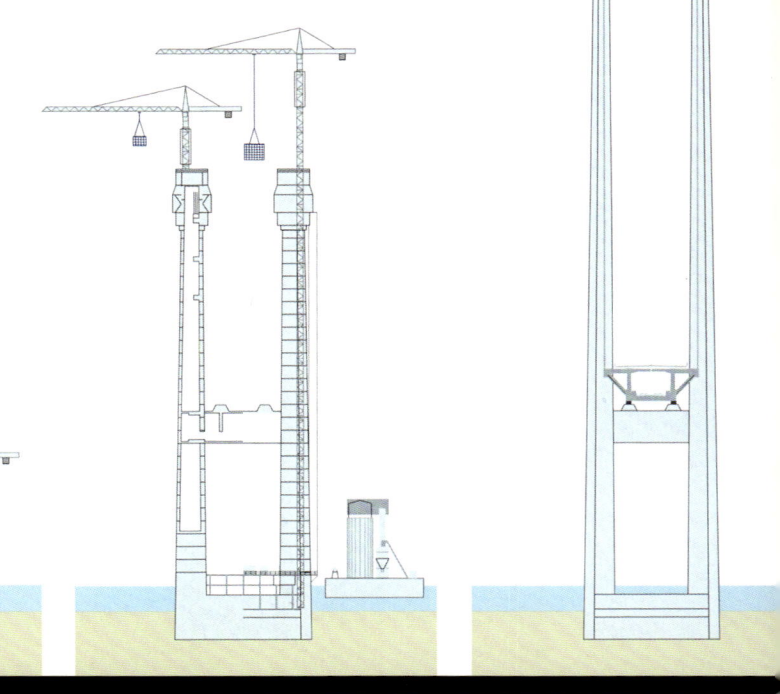

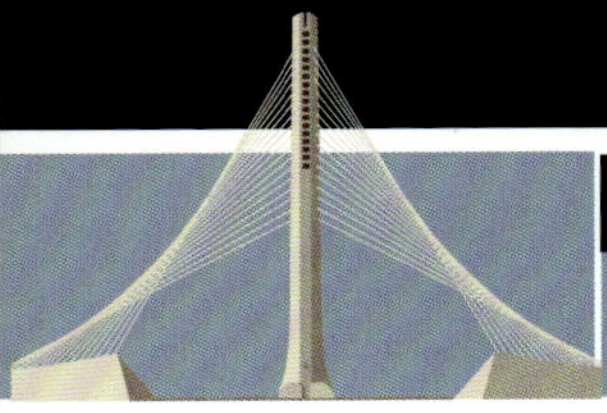

Standort	Entwurf	Länge – Grösste Spannweite	Typ	Bauzeit
Pontevedra (Spanien)	Leonardo Fernandez Troyano	129 m / 125 m	Schrägseilbrücke mit einem Pfeiler	1995

Puente Lérez

über den Lérez, Pontevedra, Galizien (Spanien)

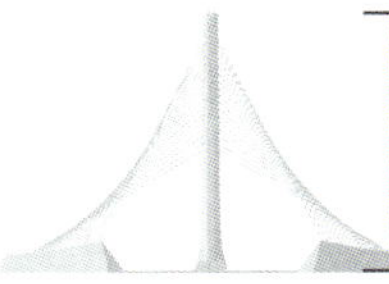

Der Puente Lérez kann als Entwicklung eines Gedankens angesehen werden, der das erste Mal mit der Brücke Sancho El Mayor in Navarra verwirklicht wurde. Beim Entwurf für Pontevedra stieß Leonardo Fernandez Troyano auf das gleiche Problem wie bei der Ebrobrücke in Tutela zehn Jahre zuvor.

Das unregelmäßige Flussbett hatte ihn genötigt, eine absolut neue Lösung zu suchen, und brachte ihn dazu, eine Brücke mit einem einzigen abgewinkelten Pfeiler zu entwerfen, der ohne Brückenteile auf dem Ufer auskam, die sonst als Ausgleich dienten.

Troyano, geboren 1939 in Madrid, arbeitete anfangs mit seinem Vater zusammen. 1966 gründete er die „Oficina de Proyectos Carlos Fernandez Casado S.A."; alle Brücken, die dieses Unternehmen in Spanien und Mexiko baute, wirken originell und ausdrucksstark.

Die 1995 errichtete Brücke über den Lérez besteht aus einer Hängebrücke von 125 m Spannweite. Der Brückenpfeiler steht in einer Linie mit der Straße; von ihm gehen drei Seilbündel aus, die untereinander einen Winkel von 120° bilden.

136 ■ Der einzige, abgewinkelte Brückenpfeiler der Lerez-Brücke ändert seine Form. Aus der annähernd T-förmigen Basis entwickelt sich langsam eine Trapezform. Am Mast sind drei Schrägseilbündel festgemacht, die untereinander einen Winkel von 120° bilden.

136-137 ■ Die Neigung des Pfeilers, der auf der Brückenachse steht, ist statisch bedingt. Das Schrägseilbündel, das den Pfeiler mit dem Mittelstreifen der Straßenebene verbindet, hält den Träger, die beiden anderen Bündel sind an Land verankert und dienen als Gegengewicht.

Ein Seilbündel ist auf der Mittellinie des Brückendecks verankert, es hält das Mittelstück der Brücke. Die anderen beiden sind an Widerlagern festgemacht. Sie stehen auf zwei bepflanzten Verkehrsinseln auf den Zugangsstraßen zur Brücke. Die Spitze des Brückenpfeilers erhebt sich 56 m über der Straße. Die dreidimensionale Wirkung der Brücke wird dadurch hervorgehoben, dass die Verankerungen der Seilbündel an den Widerlagern und am Brückenpfeiler bedingen, dass die Hängeseile von einer hyperbolisch gekrümmten Parabelform gehalten werden, also nicht auf einer ebenen Grundfläche stehen. Der optische Effekt dieser räumlichen Lösung ist äußerst wirkungsvoll. Die Geometrie der Brücke, besonders die Position des abgewinkelten Pfeilers, ergibt sich aus dem statischen Gleichgewicht der zahlreichen Kräfte, die auf die Brücke wirken.

Besonders gründlich beschäftigte sich Troyano mit Form und Maß des Pfeilers: seiner Ausrichtung, seiner Dicke, Höhe oder Gestalt. Seine Lösungen sind eine intelligente Antwort auf die Anforderungen der Statik und der Ästhetik.

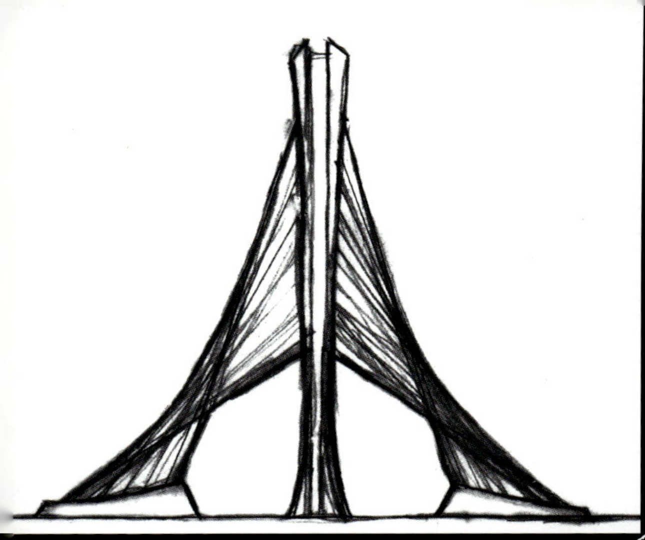

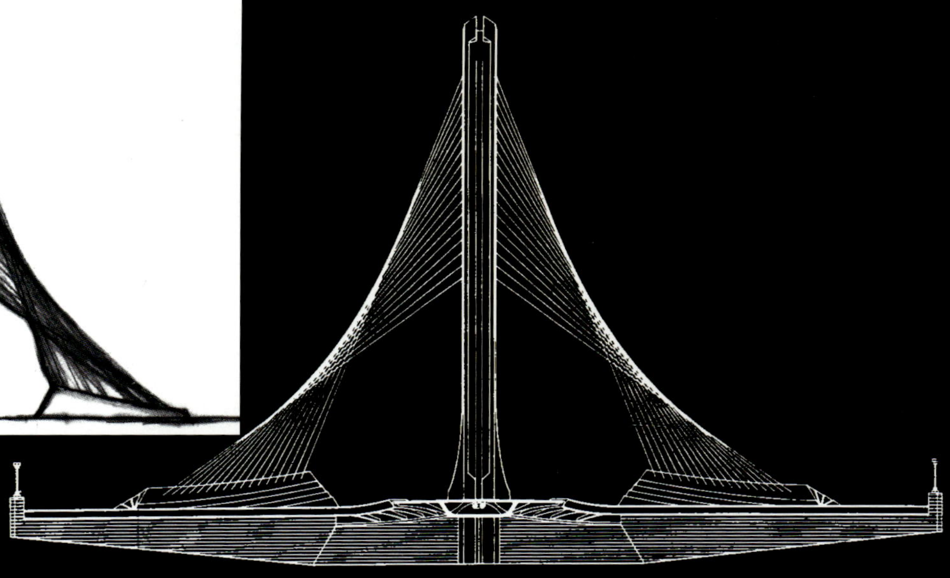

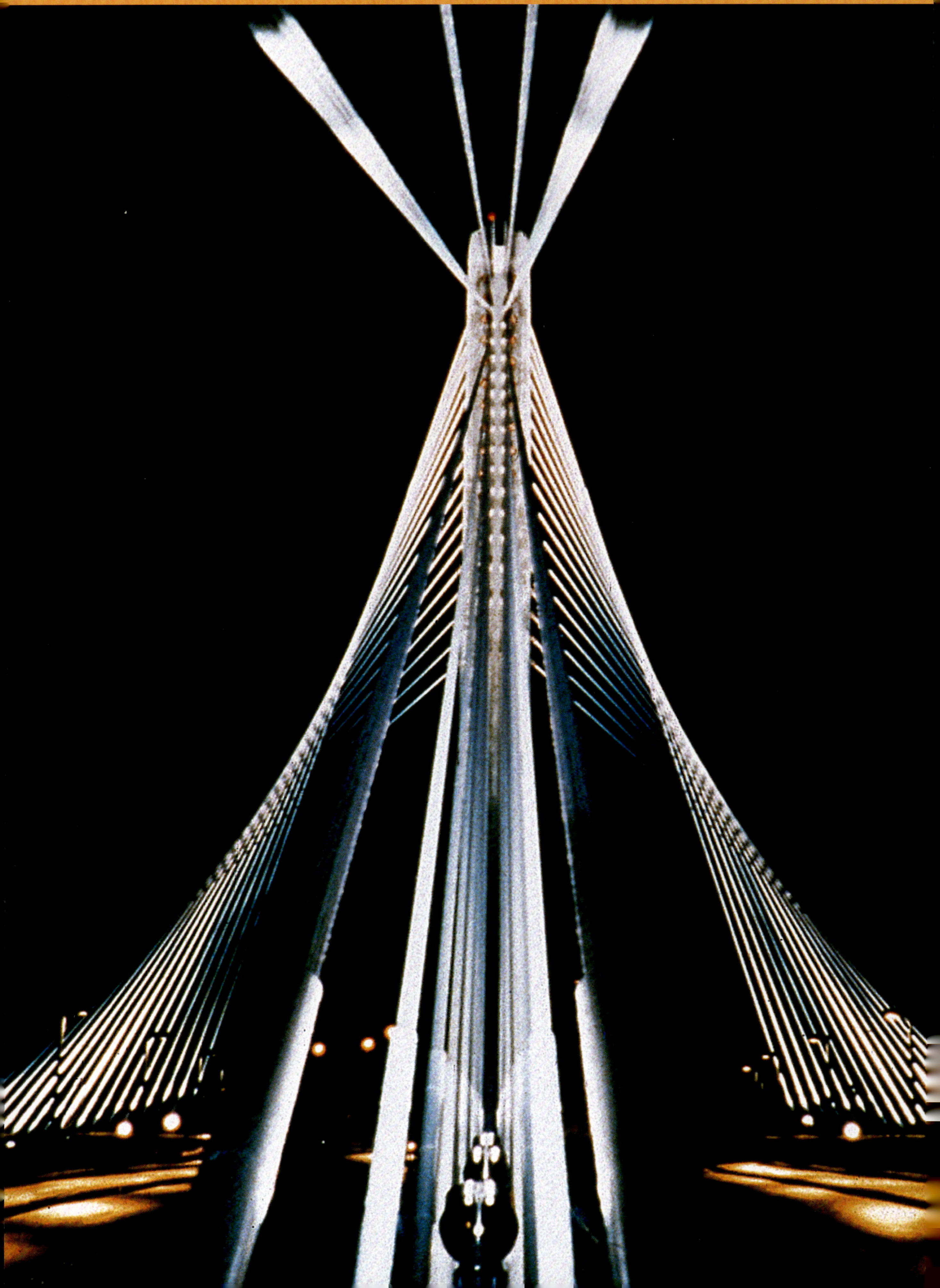

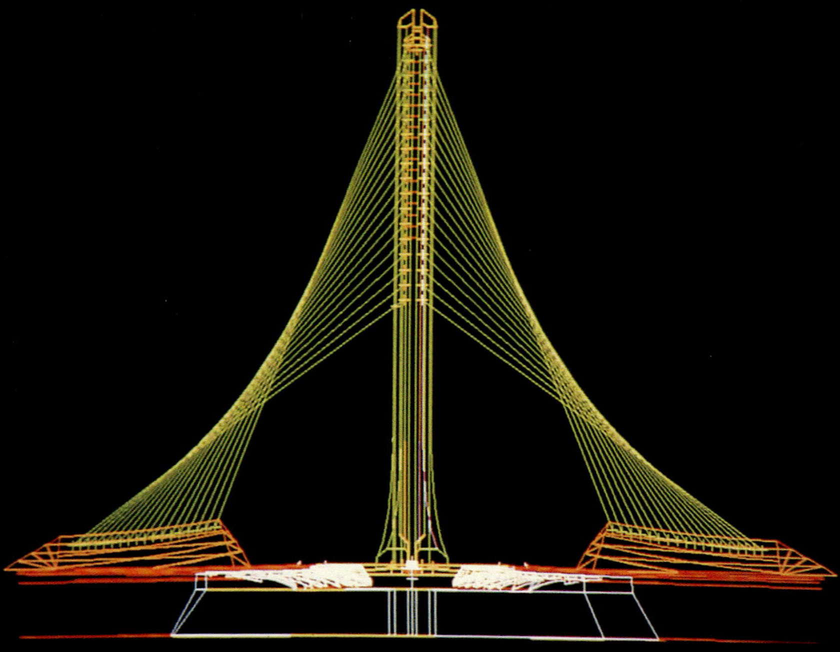

PUENTE LÉREZ

138 oben, 139 oben und Mitte ■ Entwurf, Zeichnungen und Modell erläutern das Entwurfsschema mit dem Troyano dem asymmetrischen Flussbett des Lerez begegnen wollte. Symmetrie wird durch ein dreidimensionales Prinzip hervorgerufen. Die Halteseile des einzigen Brückenträgers werden durch zwei Seilbündel ausgeglichen, die symmetrisch zum vertikalen Brückendeck stehen, das auf der Brückenachse verläuft. Weil die Verankerungen so ausgerichtet sind, müssen sie auf unebenen Fläche ruhen, ohne die symmetrische Wirkung zu beeinträchtigen.

138 unten ■ Die Beleuchtung führt dem Besucher, der nachts die Brücke erreicht, effektvoll ihre vollkommen klare Struktur vor Augen. Dahinter erhebt sich der Brückenpfeiler wie ein Leuchtturm.

139 unten ■ Am einen Ende der Brücke befindet sich eine große Verkehrsinsel, auf deren Mitte der Pfeiler steht. Die seitlichen Schrägseilbündel sind in zwei bepflanzten Verkehrsinseln verankert.

ERASMUS-BRÜCKE

ÜBER DIE NEUE MAAS IN ROTTERDAM (NIEDERLANDE)

140 oben ■ Von der Schrägseilbrücke sieht man die Bauten auf dem Nordufer. Sie haben Rotterdams Aussehen verändert; die Stadt war im Zweiten Weltkrieg stark zerstört worden.

140 unten und 140-141 ■ Das Ensemble über die Neue Maas besteht aus zwei Brücken, die man vom Nordufer über einen Viadukt erreicht. Offiziell heißt sie nach dem Humanisten Erasmus, aber sie wird im Volksmund „Schwan" genannt, weil ihr Mittelfeld, der Brückenturm und die kleinere Schrägseilkonstruktion sehr stark an einen Schwan auf dem Wasser erinnern.

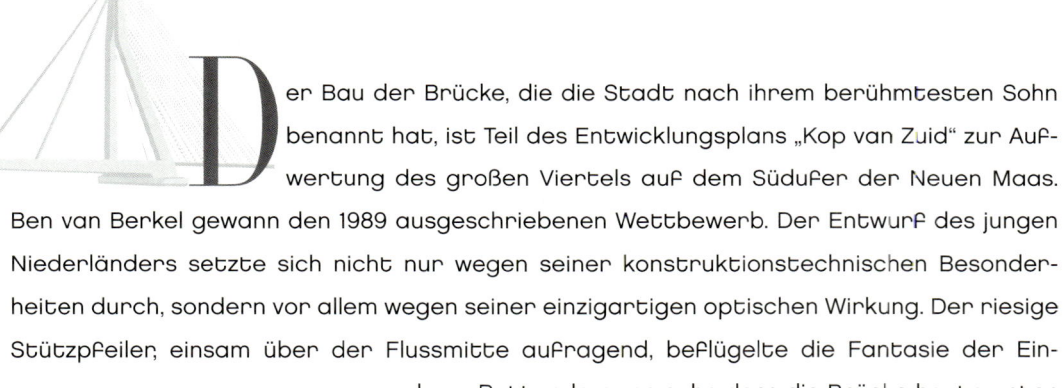

Der Bau der Brücke, die die Stadt nach ihrem berühmtesten Sohn benannt hat, ist Teil des Entwicklungsplans „Kop van Zuid" zur Aufwertung des großen Viertels auf dem Südufer der Neuen Maas. Ben van Berkel gewann den 1989 ausgeschriebenen Wettbewerb. Der Entwurf des jungen Niederländers setzte sich nicht nur wegen seiner konstruktionstechnischen Besonderheiten durch, sondern vor allem wegen seiner einzigartigen optischen Wirkung. Der riesige Stützpfeiler, einsam über der Flussmitte aufragend, beflügelte die Fantasie der Einwohner Rotterdams so sehr, dass die Brücke heute unter dem Kosenamen „Schwan" bekannt ist.

Das Bauwerk ist einschließlich des Viadukts auf dem Nordufer 802 m lang. Der Brückenteil über dem Fluss besteht aus zwei unterschiedlichen Stahlelementen, die teilweise miteinander verbunden sind.

Im Norden, Richtung Altstadt, steht der auffälligste Teil des „Schwans", eine zweiteilige, asymmetrische Konstruktion. Der längere, 284 m lange Teil ist eine Schrägseilkonstruktion, der kürzere 74 m lange Teil liegt auf. Das Kennzeichen der Brücke ist der himmelblaue, 139 m hohe, besonders geformte Brückenmast: Unten verläuft er in einem umgekehrten, nach Süden geneigten V, oben sind an einem senkrechten Stab die 32 Schrägseile verankert, die den längeren Teil halten. Der Ausgleich wird durch zwei Schrägseile erreicht, die den Brückenturm am südlichen

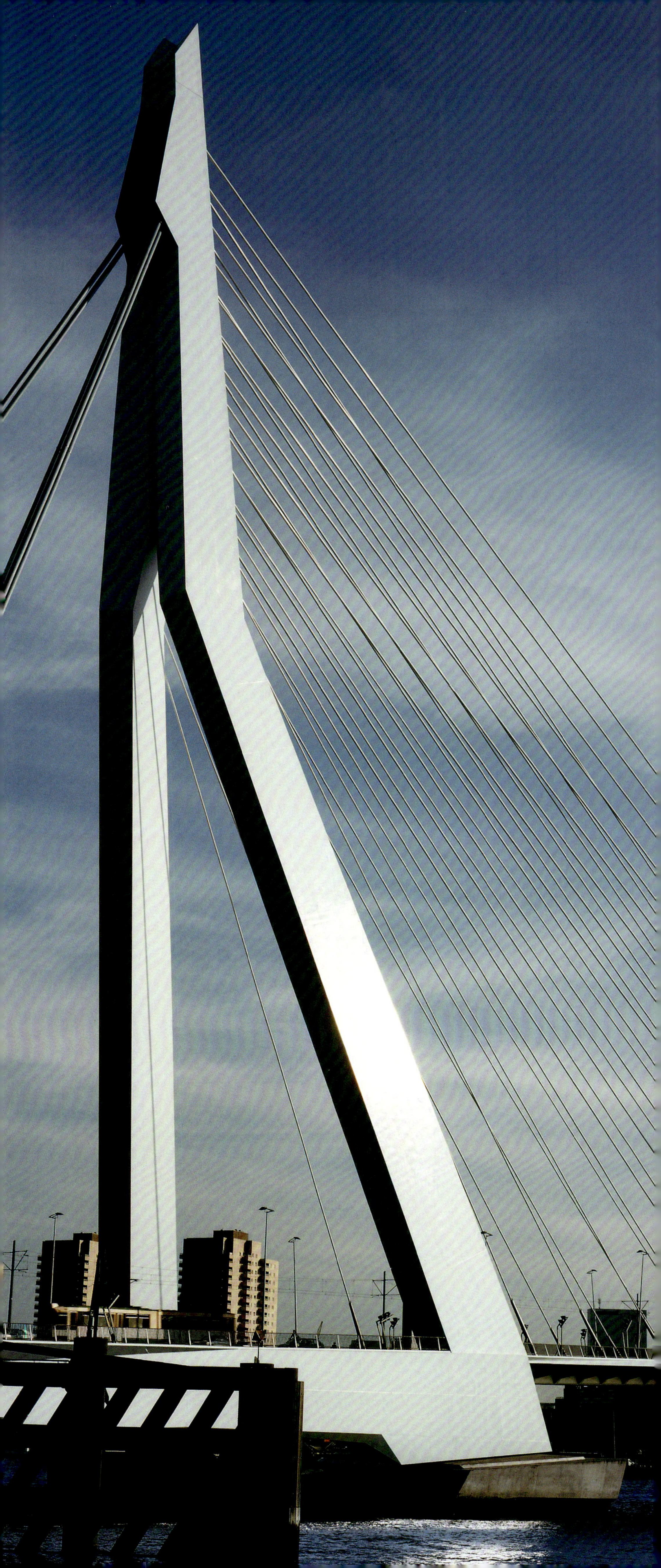

142 ■ Am obersten Teil der Südseite des Brückenturms sind zwei Schrägseile verankert. Sie verbinden den Brückenturm mit dem Fundament des gemeinsamen Stützpfeilers für beide Brücken.

143 oben ■ Die Fahrradwege verlaufen über die gesamte Länge beider Brücken außerhalb der Brückentürme und Schrägseile.

143 unten ■ Die Elemente, die den beweglichen Teil der Brücke begrenzen, stehen parallel zum Schifffahrtskanal und schneiden deshalb den Träger schräg an.

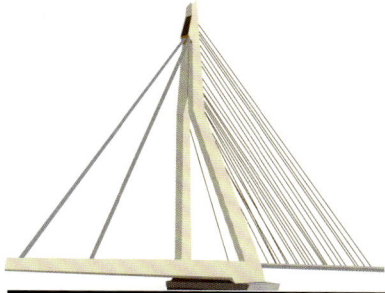

Standort	Entwurf	Länge – Grösste Spannweite	Typ	Bauzeit
Rotterdam Niederlande	Ben van Berkel	802 m 284 m	Schrägseilbrücke	1994–1996

Widerlager des kürzeren Brückenstücks verankern. Der Mast besteht aus Stahlblech und ist durch Querstreben versteift. Ein Fahrstuhl im Innern vereinfacht Wartung und Kontrollen.

Der zweite Teil des „Schwans" ist eine 122 m lange Zugbrücke. Da man den parallel zum Südufer verlaufenden Schiffsverkehr berücksichtigen musste, hat man einen beweglichen Teil in Form eines schiefen Parallelogramms konstruiert. Es dreht sich um eine Horizontalachse, nicht senkrecht auf der Achse der Brücke. Der bewegliche Teil hat außerdem ungewöhnliche Ausmaße; er ist 5 m lang und 36 m breit und wird durch einen elektrohydraulischen Mechanismus in sehr kurzer Zeit bewegt: Das Öffnen der Brücke dauert nur eine Minute und das Schließen eineinhalb Minuten!

Der stählerne Brückenträger besteht aus 28 Fertigteilen, je 15 m lang und 36 m breit, die am Standort der Brücke zusammengeschweißt wurden. Die Straßenebene verfügt über zwei Autospuren, eine Straßenbahntrasse in der Mitte und zwei Fahrradwege an den Seiten, die man direkt vom Parkplatz am Nordufer erreicht. Die lichte Höhe über dem Wasser beträgt 12,5 m, so können Lastkähne und Boote durchfahren.

Nachts, wenn seine Konturen durch ein von Ben van Berkel entworfenes Beleuchtungssystem angestrahlt werden, wirkt die Erasmus-Brücke, besonders eindrucksvoll.

144-145 ■ Der Brückenturm sieht wie eine riesige Stimmgabel aus. Seine dynamische Form stellte für den Designer das entscheidende Problem dar.

144 unten ■ Das Tragwerk, mit den Brückentürmen nur durch Schrägseile verbunden, kann bei Erdbeben keine seismischen Schwingungen übertragen.

145 rechts ■ Dank ihrer imposanten Höhe (150 m) sind die Brückentürme überall vom Zentrum Lissabons aus zu sehen.

Ponte Vasco da Gama

über die Tejo-Mündung in Lissabon (Portugal)

Die neue Tejo-Brücke in Lissabon wurde 1998 vollendet. Sie ist nach dem berühmten portugiesischen Entdecker benannt und gehört zu den großen Bauwerken, die anlässlich der EXPO zum 500. Jahrestag der Entdeckung Amerikas auf der iberischen Halbinsel errichtet wurde. Die Konstruktion besteht aus drei Teilen: einem 12.300 m langen Teil über dem Fluss und zwei Viadukten, den Brückenzugängen von Süden (5.000 m) und Norden (560 m) her. Eine 830 m lange, dreiteilige Schrägseilbrücke überspannt den Schifffahrtskanal. Ihr Mittelfeld ist 420 m lang.

Der Planer Michel Virlogeux beschäftigte sich ganz besonders mit der Erdbebengefahr, die in dieser Gegend häufig bestand. Er entwickelte eine Konstruktion mit einem leichten und von den Brückentürmen völlig unabhängigen Tragwerk: ein Brückentyp, der dazu angetan war, von eventuellen Erdstößen so wenig wie möglich in Mitleidenschaft gezogen zu werden. Armando Rito hatte diesen Typ mit der Arade-Brücke in Portugal schon ausprobiert.

Besondere Beachtung schenkte man der Form der Brückentürme, da man sicherstellen wollte, dass Tragwerk und Türme wirklich unabhängig voneinander

PONTE VASCO DA GAMA

146 oben ■ Das Tragwerk ist auf jeder Seite mit der oberen Sektion eines Pfeilers verbunden.

146 unten ■ Das Bild zeigt, kurz vor der offiziellen Eröffnung am 31. März 1998, eine noch leere Brücke.

147 ■ Das vergrößerte Detail lässt räumliche Wirkungen und Lichteffekte entstehen.

waren. Die Türme erheben sich 150 m über dem Fluss. Sie bestehen jeweils aus zwei Pfeilern, die durch zwei Querriegel verbunden sind. Ein Querriegel ist knapp über der Wasseroberfläche angebracht, der andere 78,5 m höher; an diesem Punkt ändert sich die Richtung der Pfeiler: Oben verlaufen sie parallel, im unteren Teil gehen sie auseinander. Das Tragwerk führt 50 m über dem Fluss durch die Pfeiler der Brückentürme, mit denen es nur durch Schrägseile verbunden ist. Die Struktur des Tragwerks ist unterschiedlich: Zwei Längsträger aus Stahlbeton stützen die Querstreben aus Stahl. Im Mittelfeld wird das Tragwerk ausschließlich von Schrägseilen gehalten, an den Seitenteilen ruht es auf drei Pfeilern aus je zwei Säulen.

Im Süden überspannt die lange Vasco-da-Gama-Brücke sumpfiges Gelände. Dort ist der Fluss nur wenige Meter tief. Der Viadukt wird von den gleichen Pfeilern gestützt, wie sie an den Seitenteilen der Schrägseilbrücke verwendet wurden.

Standort	Entwurf	Länge – Grösste Spannweite	Typ	Bauzeit
Lissabon (Portugal)	Michel Virlogeux	830 m / 420 m	Schrägseilbrücke	1995–1998

Neue Wege

▲ MILLENIUM    ▲ SOLFERINO    ▲ GATESHEAD MILLENNIUM

▲ Millennium   ▲ Solferino   ▲ De la Mujer

ENDE DER 1980er-Jahre entstand ein völlig neues Interesse an Fußgängerbrücken, die bis dahin nur als bescheidener Ersatz für Straßenbrücken oder als veraltet und rückständig – weil für den Verkehr unzweckmäßig – angesehen wurden.

Heute hat man festgestellt, dass die städtischen Straßenbrücken unzweckmäßig sind. Schwerlich wird es einem Stadtbewohner gefallen, über eine Brücke zu laufen und stehen zu bleiben, um auf den Fluss zu schauen, wenn sein Genuss durch den Verkehr und vielleicht auch durch eilige Passanten getrübt wird.

Das Bedürfnis nach mehr Menschlichkeit und Lebensqualität in den modernen Städten hat viele europäische Großstädte dazu gebracht, Fußgängerbrücken zu bauen. An den internationalen Wettbewerben haben die namhaftesten Architektur- und Ingenieurbüros teilgenommen.

Man könnte sagen, die Fußgängerbrücke der heutigen Zeit ist ein neuer Brückentyp. Er lässt zwar der Fantasie des Architekten viel Raum, begrenzt ihn aber auch wegen unverzichtbarer ästhetischer und funktioneller Forderungen. Die neue Brücke muss sich in ihre Umgebung einfügen und die zahlreichen Bedürfnisse des Benutzers befriedigen.

Im letzen Jahrzehnt wurden viele hervorragende Fußgängerbrücken gebaut, die sehr unterscheidlich sind, aber auch einiges gemeinsam haben: die Leichtigkeit, den Panoramablick und die effektvolle Beleuchtung. Die Planer lebten ihre Fantasie in der Auswahl der Materialien und der originellsten Strukturmodelle aus, was eine Art kreativer Konstruktionskunst entstehen ließ.

Technik und Ästhetik

152 oben und 152-153 unten ■ Das Büro Schlaich verwendete Modelle, um die Bewegungsabläufe genau zu kontrollieren und zu präzisieren. Sie mussten nämlich in jeder Position bestimmte statische Bedingungen erfüllen. Als Ergebnis der theoretischen Vorstudien verwendete man weder Federn noch hydraulische Heber, da sie eventuell unerwünschte Bewegungen mit sich gebracht hätten.

152-153 oben ■ Die von einem Motor ferngesteuerte Bewegung überträgt sich auf die drei Winden, welche die drei Brückenteile an drei Seilpaaren anheben.

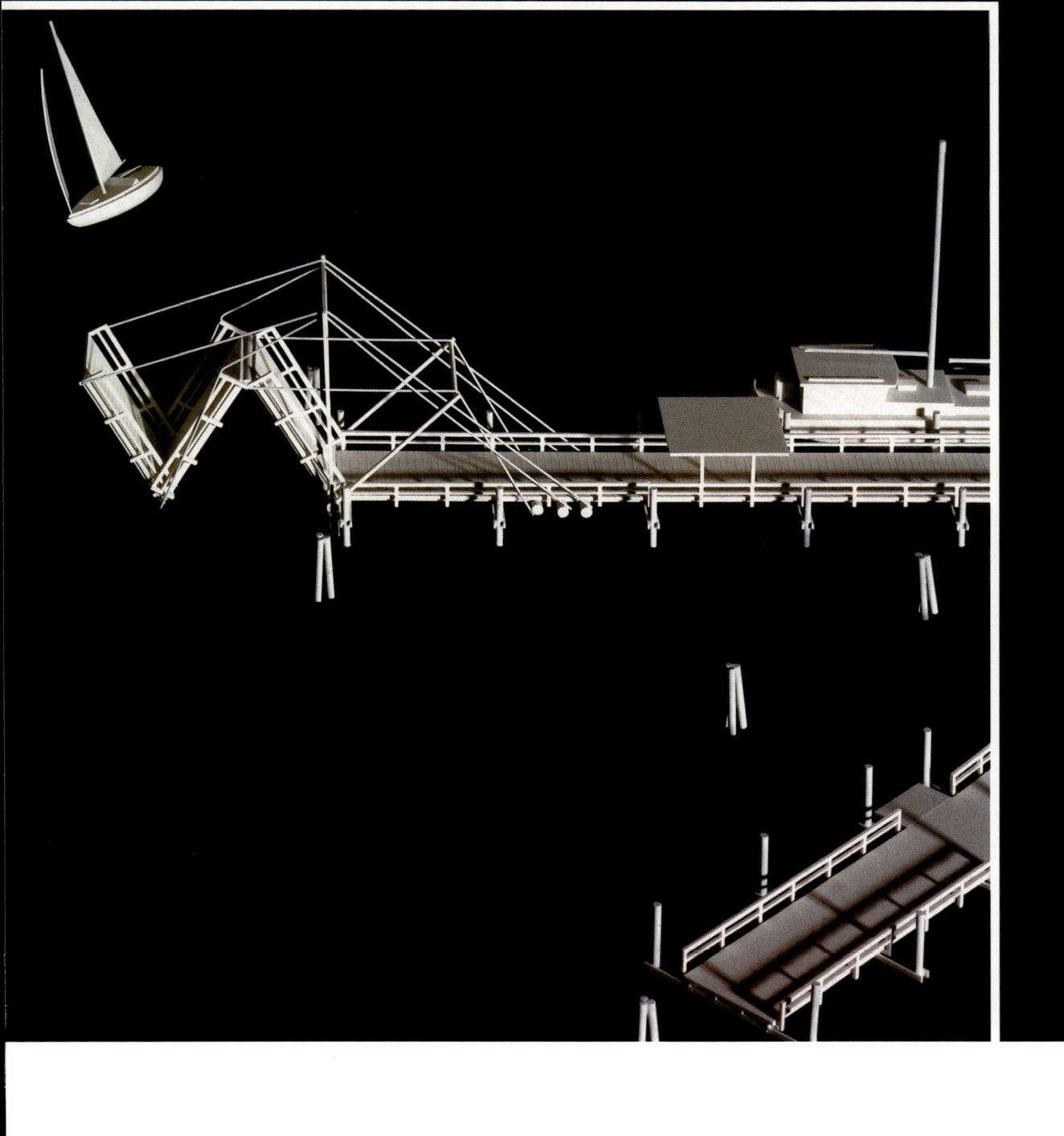

Fussgängerbrücke Hörn

Kiel (Deutschland)

Die Brücke überspannt den Hafen von Kiel, der Hauptstadt Schleswig-Holsteins. Sie ist Teil des Projekts Hörn, eines wichtigen Entwicklungsplans für die norddeutsche Stadt; Segler in aller Welt kennen die Kieler Woche – einen internationalen Segelwettbewerb auf der Außenförde.

Die Fußgängerbrücke ist ein Projekt des Büros Jörg Schlaich, Bergermann und Partner, das bekannt dafür ist, alte Probleme mit neuen Lösungen zu bewältigen. In Deutschland hat Schlaich, Bergermann und Partner in den letzten 10 Jahren zahlreiche Fußgängerbrücken gebaut. Jede Brücke hat ihre charakteristischen Besonderheiten, aber alle verbindet ästhetisches Feingefühl und Rücksicht auf die Umwelt.

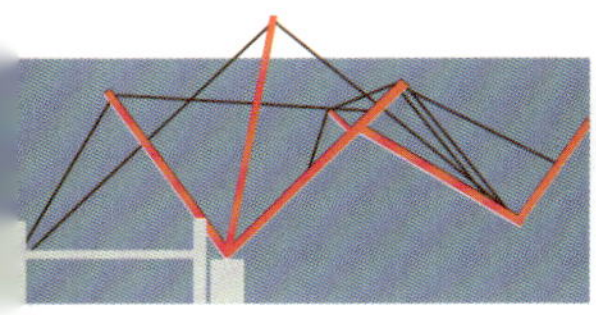

Standort	Entwurf	Länge – Grösste Spannweite	Typ	Bauzeit
Kiel (Deutschland)	Jörg Schlaich, Vilkwin Marg	116 m 23,5 m	Zugbrücke	1997

Für die Kieler Fußgängerbrücke hat das Büro einen völlig neuen Typ von Zugbrücke entwickelt. Anregung könnten Brückenlege-Panzer gegeben haben, die mit einer Faltbrücke ausgerüstet sind, die bei Bedarf geöffnet werden kann. Das Problem, das es hier zu lösen galt, hatte eine andere Größenordnung, die Brücke über den Kieler Hafen ist nämlich 116 m lang und 6 m breit. In geschlossenem Zustand – offen für Fußgänger und geschlossen für den Schiffsverkehr – sieht sie wie eine normale Schrägseilbrücke aus. Nur beim Öffnen zeigt sich die Besonderheit des Klappmechanismus. Die Brückenplattform besteht aus drei mit Gelenken verbundenen Teilen, die sich während des Öffnens zusammenfalten. Dabei werden die Spannseile gespannt und aufgewickelt, bis die zusammengeklappte Brücke senkrecht steht. Dazu dienen seitlich angebrachte Gelenke; sie werden bewegt von der Drehung einer Seilwinde, über die alle Seile aufgewickelt werden.

154-155 ■ Die Bewegungsabläufe beim Schließen der Brücke zeigen deutlich, wie komplex der Vorgang ist, bei dem auch die Brückengeländer gefaltet werden. Die Brücke bietet einen Übergang über den Hafen, der bis in die Stadt reicht. Sie wird zehnmal am Tag für den Schiffsverkehr geöffnet und geschlossen.

Bei einem derartigen Projekt mussten natürlich Schwierigkeiten überwunden werden. Die Konstruktionsberechnungen mit all ihren statischen, dynamischen und kinematischen Problemen wurden erst durchgeführt, nachdem das Verhalten der – oft ganz neuen – Materialien und die klimatischen Verhältnisse genau analysiert worden waren. Man berechnete die Beanspruchung der Seile in jeder Position der Brücke unter den ungünstigsten Belastungsbedingungen und kalkulierte auch die Windkräfte ein. Schließlich wurde die Brücke auf dem Bauplatz noch strengen Kontrollexperimenten unterzogen. Die Lösung für den Faltmechanismus der Kieler Brücke hat Symbolcharakter, der ihre Einbettung in die Umgebung begünstigt. Der Öffnungsmechanismus kann Erinnerungen an die Hebesysteme von Kränen wachrufen und ist damit ein Hinweis auf den Hafenbetrieb. Die lebhaften Farben der Brücke bilden einen schönen Kontrast zum grauen Meer.

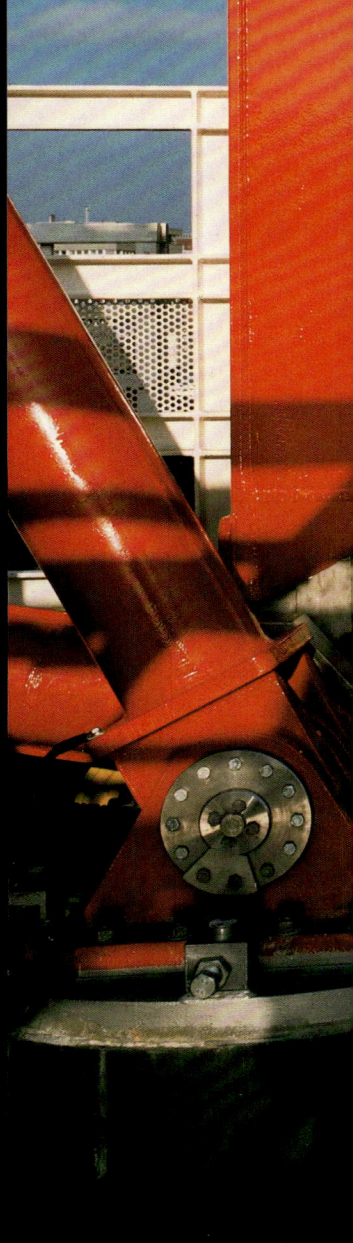

FUSSGÄNGERBRÜCKE HÖRN

156 oben ■ Die Brückenteile und die Elemente des Faltmechanismus werden durch die Verwendung unterschiedlicher Farben hervorgehoben: Der Brückenträger ist rot, das Geländer weiß, die Antriebsscheiben und die Gelenke gelb.

156 unten ■ Zusammengeklappt nimmt die Brücke sehr wenig Raum ein und vermindert damit die Gefahr, von heftigen Windstößen angegriffen zu werden.

156-157 und 157 unten ■ Das gelbe Element, das die Endstücke der Plattform verbindet, besteht aus drei durch Gelenke verbunden Teilen: oben zusammengeklappt, unten in der Endposition, wenn die Brücke ausgefahren ist.

Fussgängerbrücke Solferino

über die Seine in Paris (Frankreich)

Die Solferino-Fußgängerbrücke verbindet das Musée d'Orsay am Quai Anatole France mit den Tuilerien am Quai des Tuileries. Die Brücke wurden zwischen 1997 und 1999 gebaut. Sie sollte den Platz der provisorischen Fußgängerbrücke ausfüllen, die zwischen 1961 und 1992 den alten Pont Solferino ersetzt hatte.

Die dreibögige Brücke aus Gusseisen hatte 100 Jahre gehalten. Sie war nach einem militärischen Sieg Napoleons III benannt worden: 1859, während des zweiten italienischen Freiheitskampfes, hatte der französische Kaiser bei Solferino in der Lombardei als Verbündeter Piemonts die Österreicher in einer blutigen Schlacht geschlagen.

Die heutige Brücke überspannt die Seine mit einem Bogen von 106 m Spannweite und fügt sich nahtlos in ihre Umgebung ein, in der Brücken eine Hauptrolle spielen. Marc Mimram löste die technischen, ästhetischen und städtebaulichen Probleme brillant. Um Zugänge von vier Punkten aus zu schaffen, entwarf er eine Kombination aus asymmetrisch verlaufenden Wegen, die sich dennoch in die Symmetrie des Baus einfügen.

Die Struktur der Brücke ist eher einfach: Zwei durch Querstreben miteinander verbundene Bögen aus Gitterwerk, stützen die Brückenplattform. Die Stahlbögen sind an den Endpunkten ineinander gefügt und verjüngen sich von den Widerlagern zum Scheitelpunkt. Das Brückendeck besteht aus Holz und Stahl.

158 ■ Über die Treppe des unteren Bogens kommen die Fußgänger direkt in die Unterführung zu den Tuilerien. Weiter hinten sieht man den Pont Royal und in einiger Entfernung Notre Dame.

158-159 ■ Die beiden Treppen, die von den beiden Ufern aus am Bogen entlang hinaufführen, münden in der breiten oberen Plattform am Mittelteil der Brücke.

159 unten ■ Durch die Lichter, die sich im Wasser spiegeln, kommt die schlanke, gerade Linie der Brücke nachts noch besser zur Geltung.

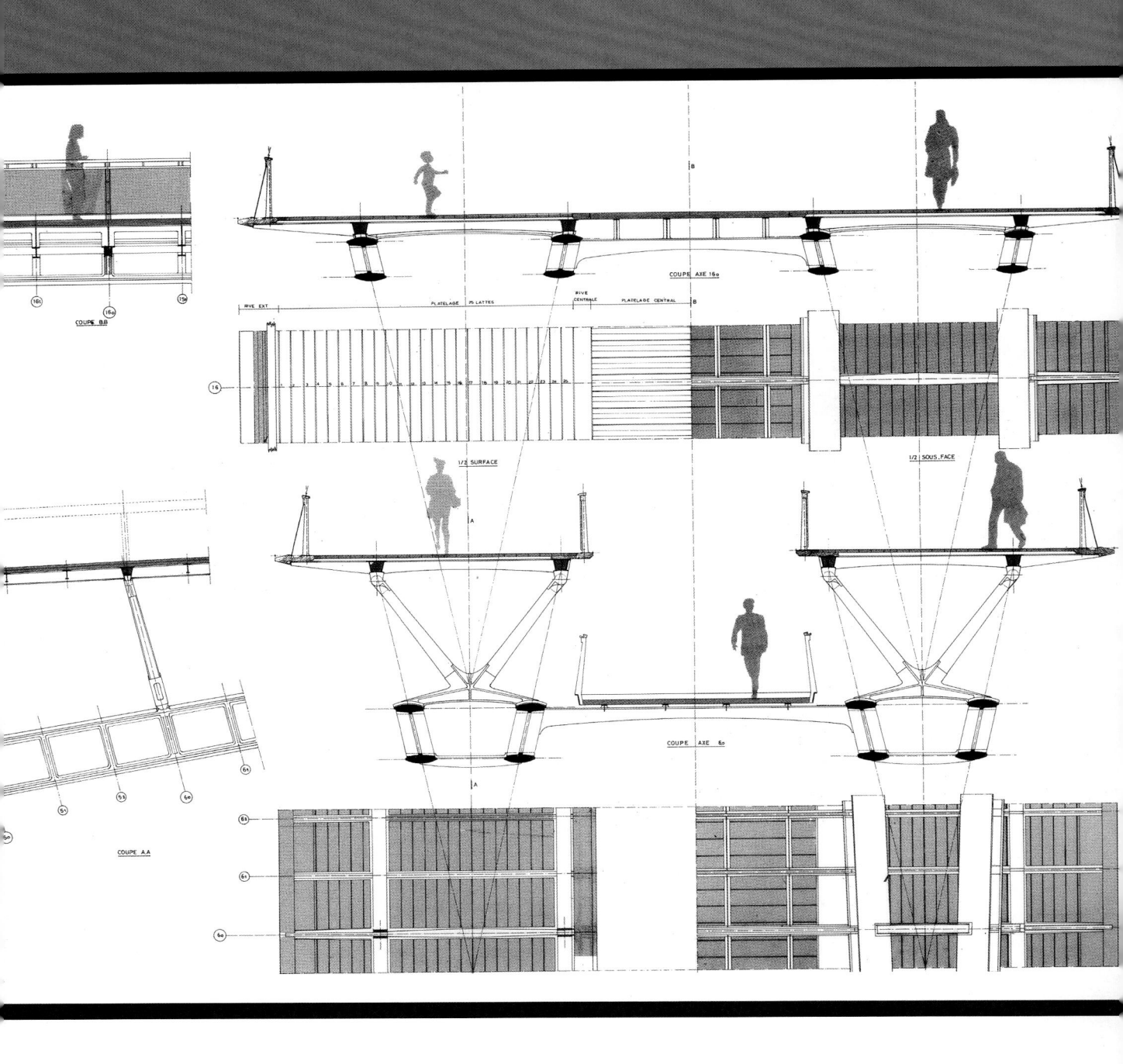

160-161 und 161 unten ■ Exakte Pläne und in unterschiedlicher Höhe angesetzte Schnitte dokumentieren, wie die unterschiedlichen Wege funktionieren: So kann man auf dieser neuartigen Fußgängerbrücke auch einfach nur spazieren gehen oder sich auf einer der ergonomisch geformten Bänke ausruhen.

161 oben und Mitte ■ Die obere Plattform verbindet den Quai Anatole France mit dem Quai des Tuileries. Sie beginnt an den Endpunkten auf gleicher Höhe mit der Straße und fällt zur Mitte hin leicht ab. Dort vereinigt sie sich mit den beiden Treppen der unteren Ebene, die zur Uferpromenade des Quai Anatole France und zur Unterführung in die Tuilerien führen.

Der Bau von zahlreichen Wegen erforderte eine komplexe Lösung. Man wollte nämlich, dass die Brücke, eine direkte Verbindung zwischen dem Quai Anatole France und dem Quai des Tuilieries, auch von der Straße am linken Flussufer und von der Unterführung auf dem rechten Seineufer zwischen den Tuilerien und dem Fußweg unten am Fluss her erreicht werden konnte. Marc Mimram entwarf zwei Treppenaufgänge zum Bogen. Sie führen vom linken oder rechten Seineufer bis auf die Brückenplattform und münden in den Mittelteil der Brücke. Hier treffen die beiden Wege auf zwei ebene Linien, die auf den Fluss gehen, in der Mitte befindet sich ein Bereich mit Bänken und Lampen, der die Passanten zum Verweilen einlädt. Die obere Brückenebene und die Stufen sind aus exotischem Holz mit kostbaren Intarsien gefertigt.

Die innerhalb der Brückenkonstruktion angebrachten Aufgänge beeinflussen die Form der Brücke nicht, die sich in all ihrer Leichtigkeit und Transparenz zeigt, ohne die Sicht zu verstellen.

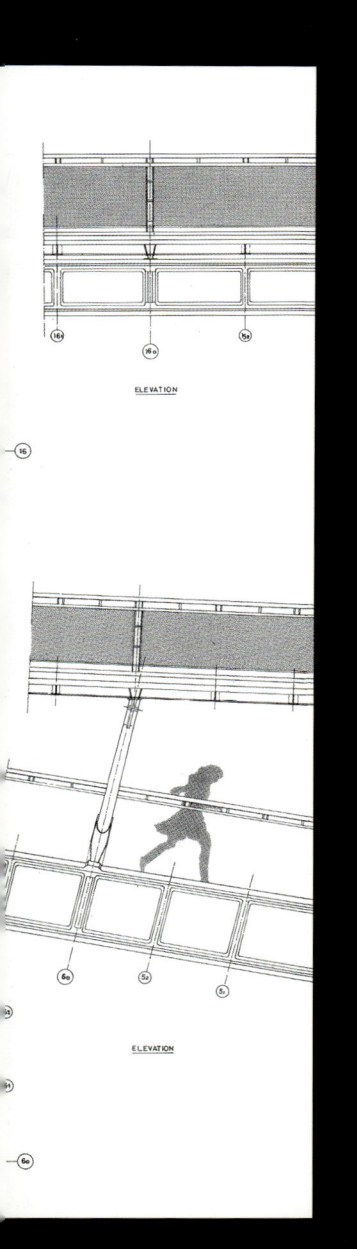

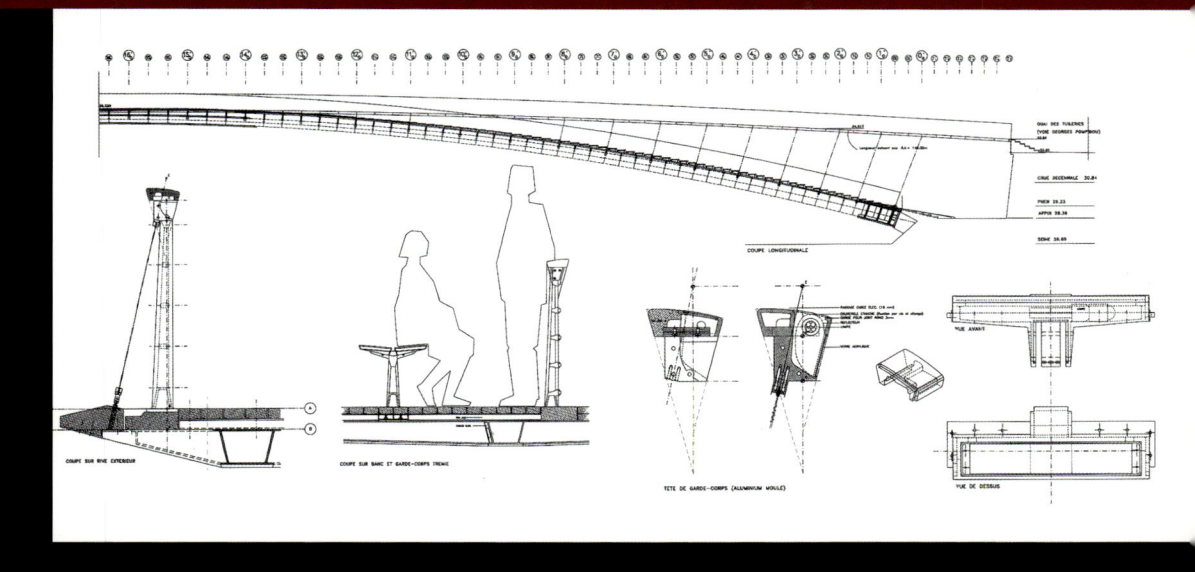

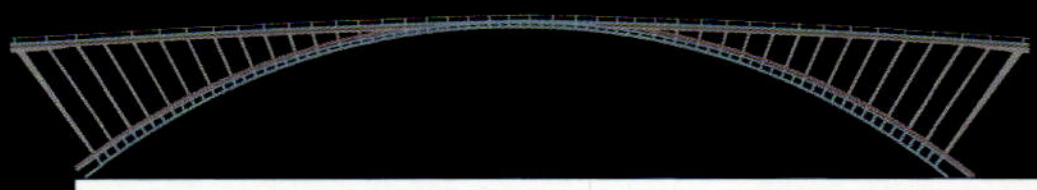

Standort	Entwurf	Länge – Grösste Spannweite	Typ	Bauzeit
Paris (Frankreich)	Marc Mimram	140 m / 106 m	Bogenbrücke	1997–1999

SOLFERINO

161

162-163 und 163 rechts ■ Die Hängebrücke wird auf jeder Seite von vier Spannseilen gehalten, die an den Endpunkten der v-förmig gespreizten Brückenpfeiler verankert sind.

Der einzigartige Anblick entsteht durch die sehr flache und lange Kontur, die den Eindruck von großer Leichtigkeit und außergewöhnlicher Biegsamkeit vermittelt.

162 unten ■ Während der Einweihung der Brücke bemerkte man, das sie stärker schwankte als geplant, deshalb brachte man weitere zweckmäßige Vorrichtungen an.

Millennium Footbridge
über die Themse in London (Grosbritannien)

Die zwischen 1996 und 2000 gebaute Millenium Bridge ist Londons einzige Fußgängerbrücke über die Themse. Sie befindet sich im historischen Zentrum der Stadt zwischen der Blakfriars Bridge und der Southwark Bridge und verbindet die City mit Southwark in direkter Linie zwischen St. Paul's Cathedral und dem neuen Teil der Tate Modern Gallery, die in einem ehemaligen Elektrizitätswerk ihren Sitz hat. Die Brücke ist Teil eines Entwicklungsplanes des früheren Industrieviertels Southwark.

Ein Team aus namhaften Fachleuten hat den Wettbewerb für die Planung der Fußgängerbrücke gewonnen: der Bildhauer Sir Anthony Caro, der Architekt Norman Foster und das Ingenieurbüro Ove Arup & Partners. Der Bau weist originelle Details auf, die sich auch dem Laien erschließen. In zwei Punkten unterscheidet sich die Londoner Brücke von den üblichen Hängebrücken: Die Stützpfeiler sind sehr niedrig, woraus sich eine geringe Krümmung der Seile ergibt; außerdem sind die Hängeseile an der Außenseite der Brücke angebracht.

Die Millenium Bridge hat eine Gesamtlänge von 320 m; die dreiteilige Konstruktion hängt an zwei Bündeln mit je vier Hängeseilen von je 12 cm Durchmesser. Sie sind am Ufer mit Widerlagern verankert und werden von zwei Pfeilern gehalten. Das Hauptfeld der Brücke hat eine

Spannweite von 144 m. Die 2,3 m hohen Pfeiler – etwa ein Zehntel der üblichen Höhe – bestehen unten aus einem stumpfen Stahlbetonkegel, in den ein V-förmiges Metallteil eingelassen ist. Zwischen den 16 m voneinander entfernten Spitzen des „V" führen die Hängeseile hindurch, die direkt mit dem Tragwerk des Brückendecks verbunden sind. Es besteht aus umgedrehten stumpfen Stahlbeton-Trapezformen in jeweils 8 m Abstand. Auf den Querverstrebungen aus Stahl liegen die Längselemente des Gehwegs auf. Die Brückengeländer sind ebenfalls aus Stahl.

Neben der geringen Höhe der Stützpfeiler fällt an der Konstruktion besonders auf, dass sie ohne Zugschlaufen auskommt, mit denen sonst Brückendeck und Seile verbunden werden, und dass Seile und das Geländer des 4 m breiten Gehwegs nur 2 m von einander entfernt sind.

Am 10. Juni 2000 wurde die Millenium Bridge eröffnet, aber die unerwartete Menge von Menschen, die im Gleichschritt über die Brücke ging, erzeugte größere Schwingungen, als in den Berechnungen vorgesehen, deshalb war eine sofortige Schließung der Brücke unvermeidlich. 2002 konnte sie endgültig in Betrieb genommen werden, nachdem man zwei Jahre lang die Berechnungen überprüft und ein Dämpfersystem eingebaut hatte.

Die Veränderungen beeinflussten das Aussehen der Brücke nicht: Mit ihrem schlanken, leicht gebogenen Profil fügt sie sich respektvoll in ihre Umgebung ein und will nach den Worten Fosters „ein Lichtband über dem Fluss" sein.

164 ■ Der Blick von der Tate Modern Gallery aus betont die Aussagekraft der Konstruktion, die wie selbstverständlich über der Wasseroberfläche zu ruhen scheint.

164-165 ■ Überquert man die Brücke, die auf einer Linie mit St. Paul's Cathedral liegt, überblickt man die gesamte City von einer Position oberhalb des Straßenverkehrs.

165 unten ■ Die leicht gekrümmt verlaufenden Seile sind – ohne Zugstangen – direkt mit den Querstreben des Brückenfelds verbunden.

Standort	Entwurf	Länge – Grösste Spannweite	Typ	Bauzeit
London (Gross-Britannien)	Anthony Caro, Norman Robert Foster und Ove Arup & Partners	320 m 144 m	Hängebrücke	1996-2000

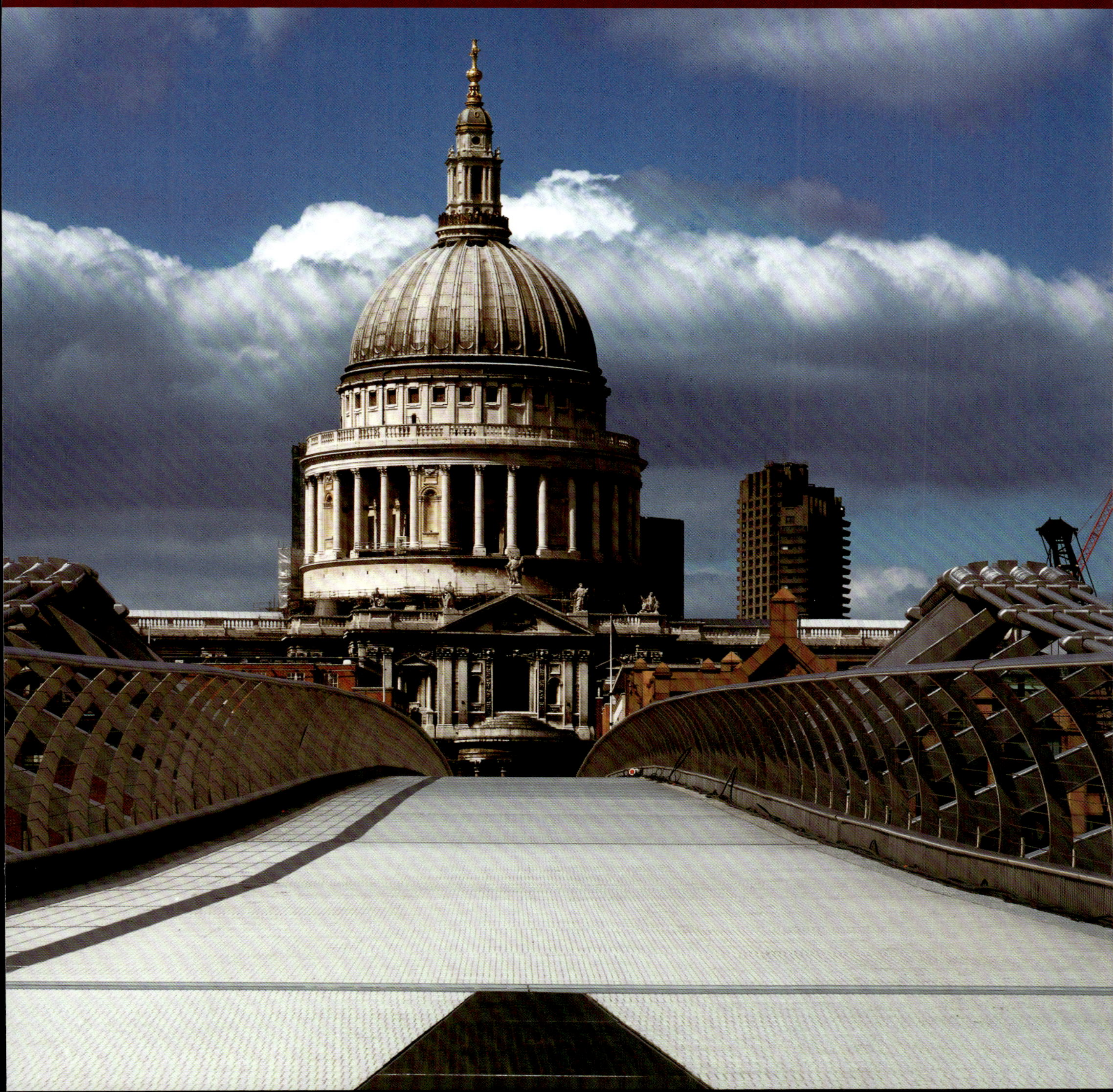

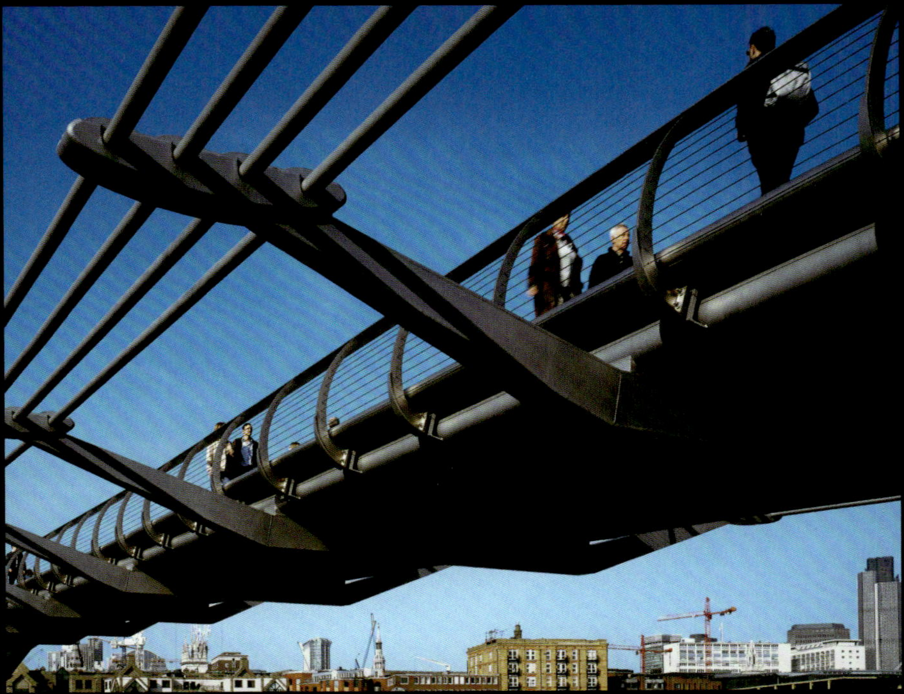

Gateshead Millennium Footbridge

Über den Tyne in Newcastle (Grossbritannien)

Die 2001 gebaute Fahrrad- und Fußgängerbrücke verbindet Newcastle und Gateshead, zwei Städte, die zwar durch den Tyne räumlich getrennt werden, die aber der gleiche Ehrgeiz vereint: Ein bedeutendes europäisches Kulturzentrum zu werden.

Über die neue Brücke erreicht man auf direktem Weg das Gebiet am Südufer des Flusses, auf dem sich das Baltic, eine imposante Ausstellungshalle für zeitgenössische Kunst, und das Sage Gateshead, ein Zentrum für experimentelle Musik, befinden.

Wenn es nach Plan geht, müssten die beiden vereinigten Städte 2008 europäische Kulturhauptstädte werden, die neue Brücke steht als Symbol dafür. Nicht nur, weil sie in konkreter Form die Einheit beider Städte ausdrückt, sondern vor allem, weil sie selbst ein zeit-

166 und 166-167 ■ Zurückhaltend, aber unübersehbar fügt sich die Brücke in ihre Umgebung ein. Die zarte, fast durchsichtige Konstruktion verdeckt nicht den Blick auf die massiv gebaute Brücke in ihrer Nähe, aber sie trübt ihn. Durch ihr Aussehen, ihre Bewegungen und die Beleuchtung zieht sie alle Aufmerksamkeit auf sich.

genössisches Kunstwerk ist; sozusagen das erste Ausstellungsstück, das der Besucher einer Ausstellung im Baltic sieht.

Der Tyne ist ein schiffbarer Fluss; darum durfte die neue Brücke die Schifffahrt nicht behindern. Diese Forderung wird oft an Brückenbauer gestellt, sie engt die Freiheit des Entwurfs ein und erschwert dessen Verwirklichung. Für die Gateshead Millenium Bridge haben das Architekturbüro Wilkinson Eyre und das Ingenieurbüro Gifford & Partners dieses Problem mit ihrem Entwurf einer Klappbrücke brillant gelöst, der einem völlig neuen Konzept folgt.

Die Konstruktion besteht aus zwei Stahlbögen, einer von ihnen dient als Stützbogen, er hält den anderen durch Hängeseile. Die Endpunkte beider Bögen sind an gemeinsamen Widerlagern festgemacht. Das Eckstück, das die beiden

Standort	Entwurf	Länge – Grösste Spannweite	Typ	Bauzeit
Newcastle (Gross-Britannien)	Wilkinson Eyre, Gifford & Partners	126 m / 105 m	Klappbrücke in Bogenform	2001

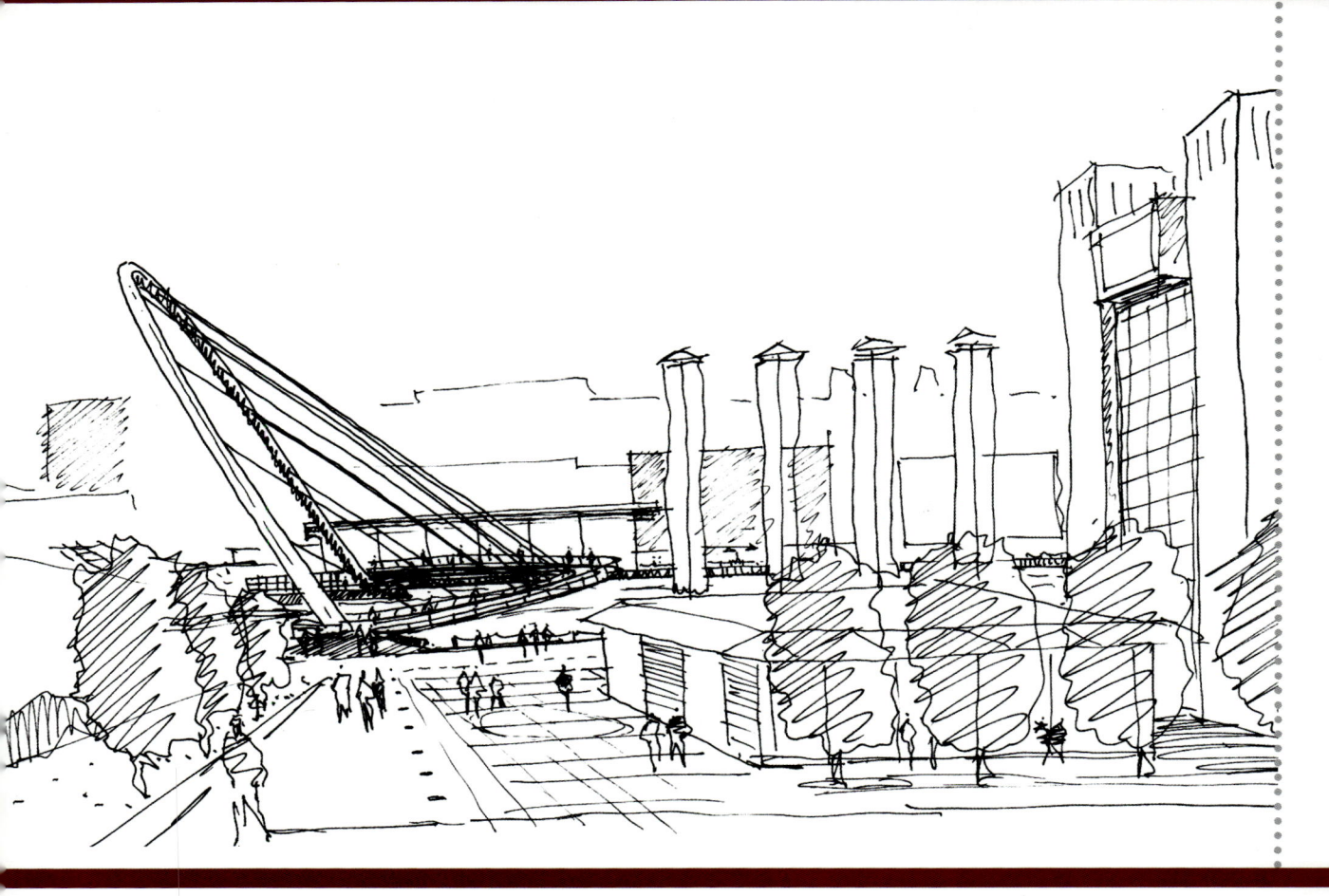

GATESHEAD MILLENNIUM FOOTBRIDGE

Position - OFFEN

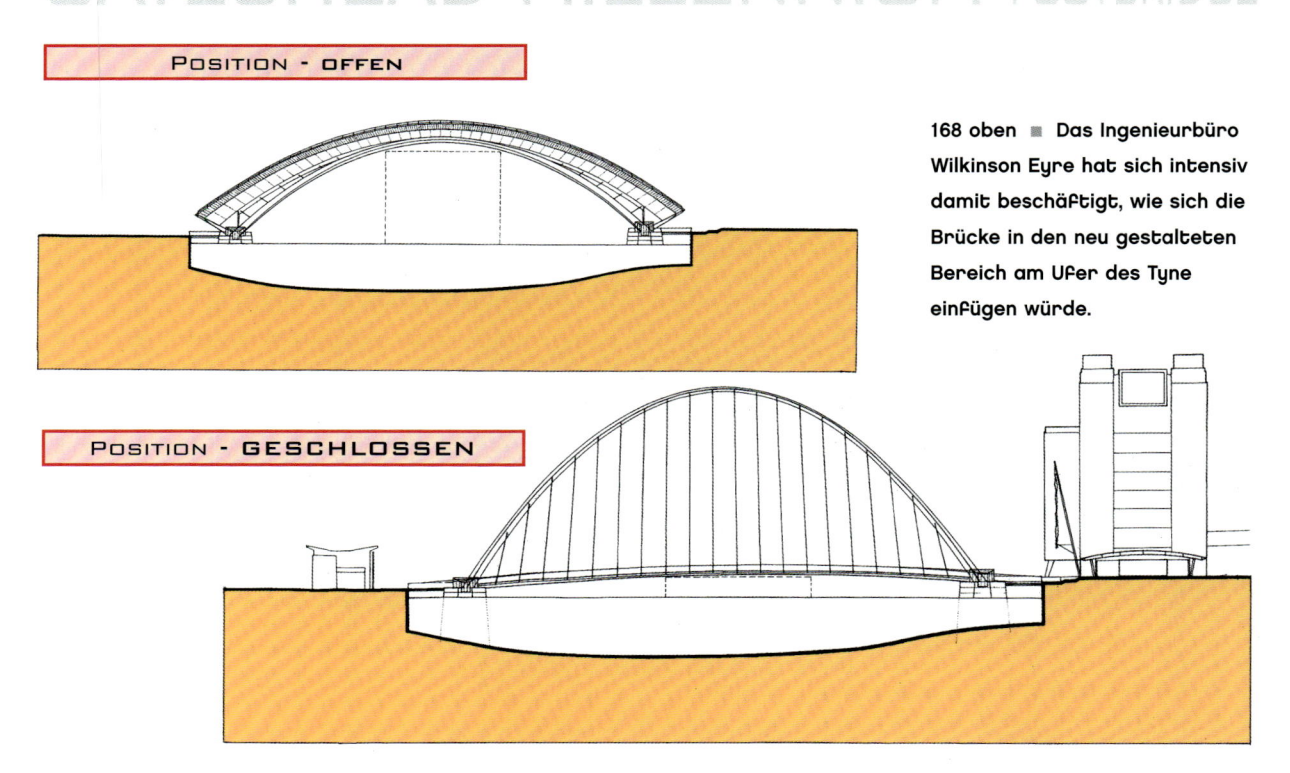

Position - GESCHLOSSEN

168 oben ■ Das Ingenieurbüro Wilkinson Eyre hat sich intensiv damit beschäftigt, wie sich die Brücke in den neu gestalteten Bereich am Ufer des Tyne einfügen würde.

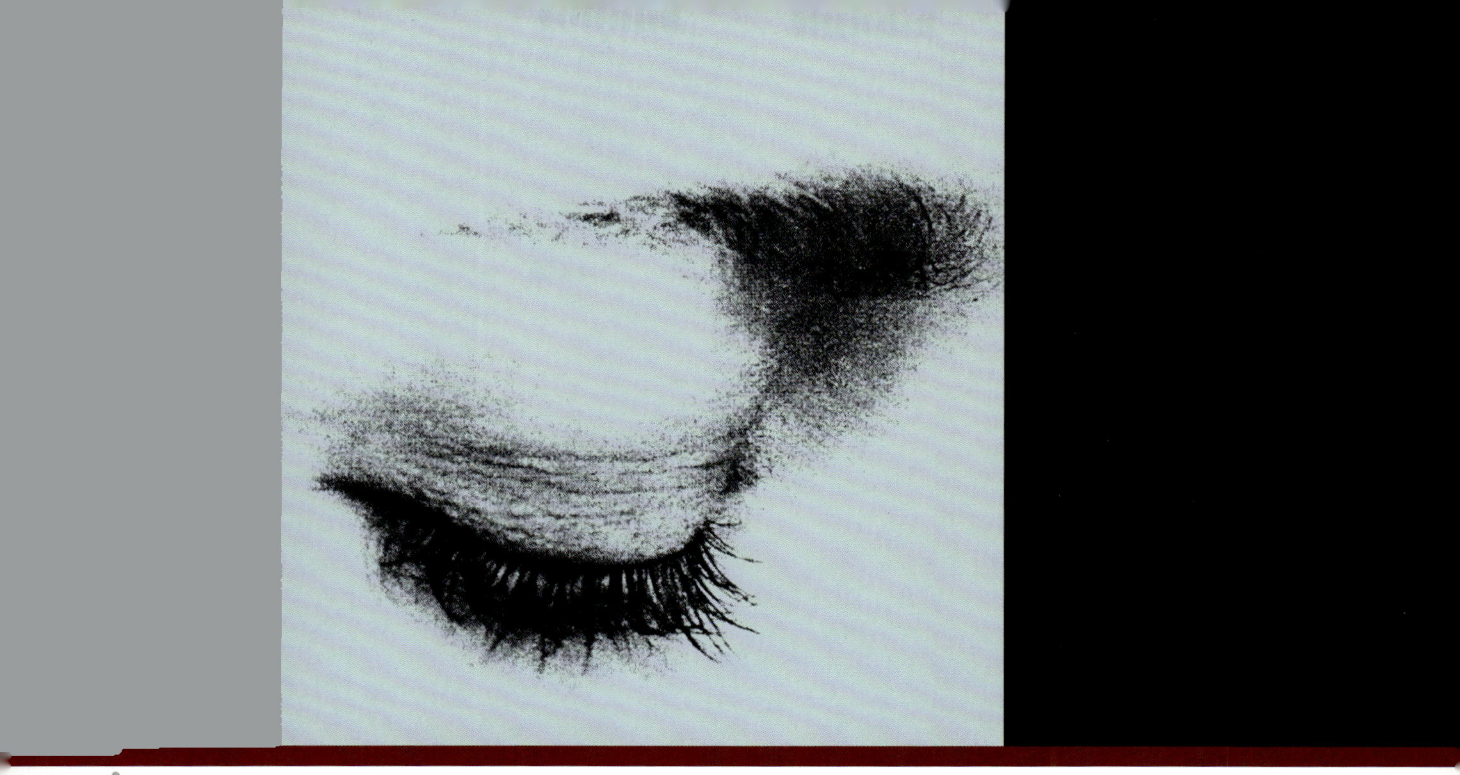

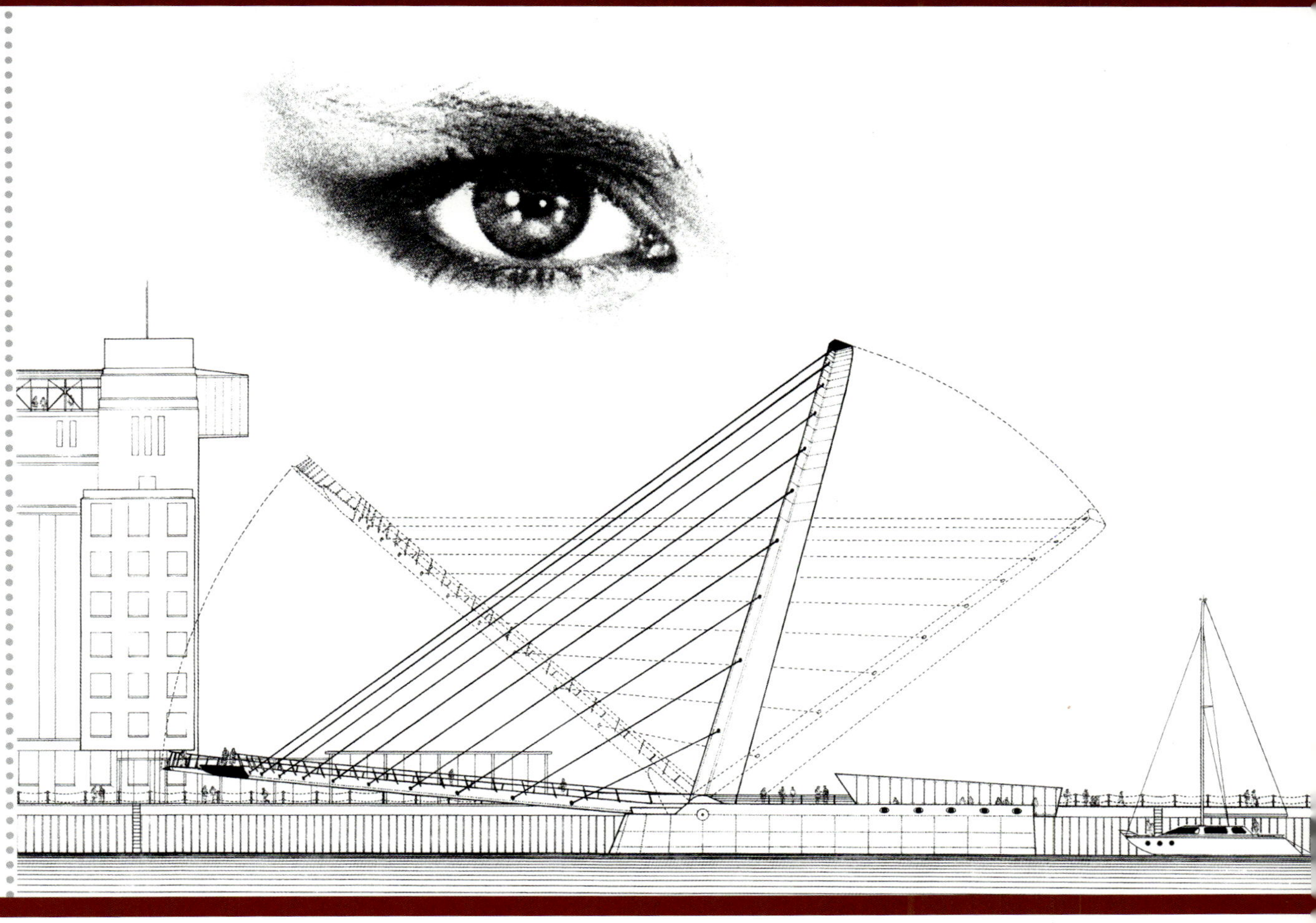

168 unten ■ Während sich die Brücke öffnet, dreht sich die ganze Konstruktion um zwei Drehzapfen an den Endpunkten des Bogens. Die Darstellung zeigt zwei extreme Positionen.

169 ■ Die Bewegung des Öffnens und Schließens bekam den Spitznamen „the blinking eye", weil sie der Bewegung der Augenwimpern glich. Die neue, außergewöhnliche Fußgänger- und Fahrradbrücke bietet einen direkten Zugang nach Gateshead, dem neuen Viertel für zeitgenössische Kunst und Freizeitvergnügen; die Einwohner Newcastles haben sie begeistert angenommen.

Ebenen bilden, auf denen die Bögen stehen, bewegt sich nicht. Die gesamte Konstruktion dreht sich um die Ideallinie zwischen den beiden Drehzapfen an den Endpunkten der Bögen zu beiden Seiten des Flusses.

Drei Details lassen die Brücke außergewöhnlich wirken: Die gebogene Straßenebene, der an einen schräg stehenden Bogen angehängte Träger und der ungewohnte Klappmechanismus: Während der Drehung um die Längsachse bewegt sich auch der Stützbogen.

Die Brücke ist 126 m lang, die Spannweite beträgt 105 m. Fußgänger- und Fahrradweg sind getrennt: Der Fußgängerweg ist im Inneren der Biegung und aus Sicherheitsgründen eine Stufe höher gebaut.

Die Brücke lässt sich in vier Minuten mittels eines von acht Elektromotoren betriebenen Mechanismus öffnen. Dabei reinigt – ungefähr 200-mal im Jahr – eine automatische Waschanlage die Straßenebene und entsorgt den Müll aus den Eimern an den Endpunkten der Brückenbögen.

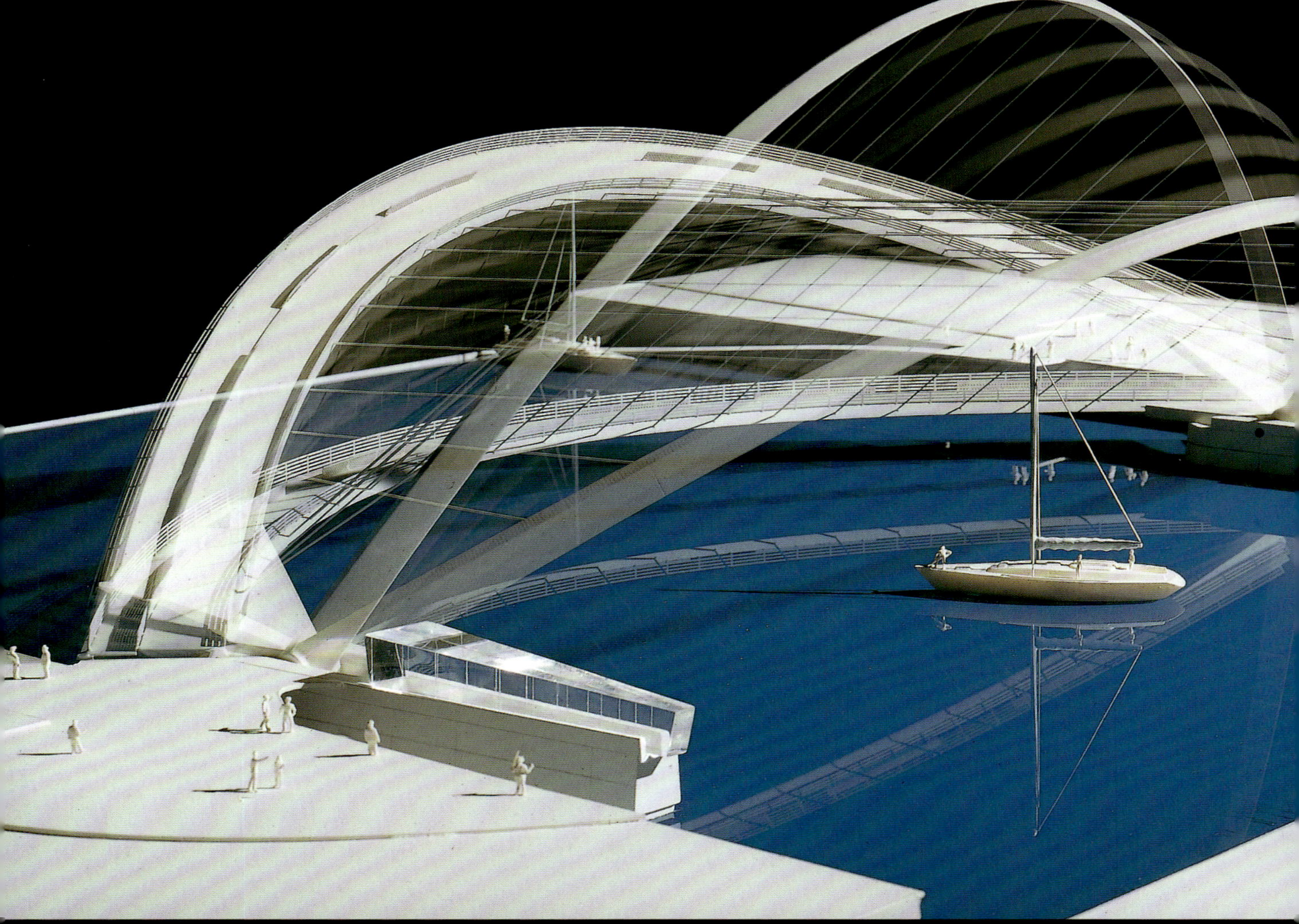
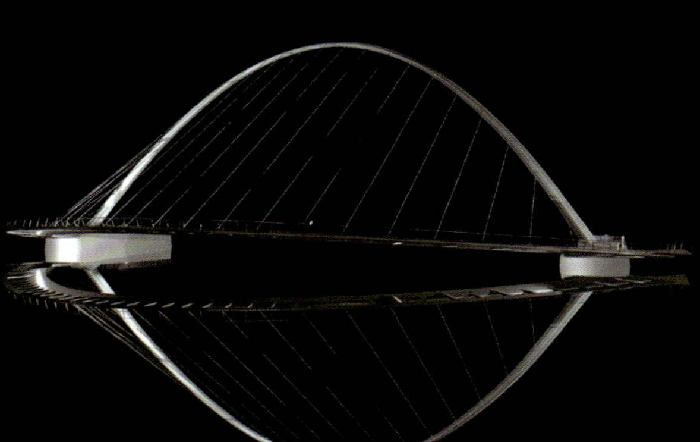
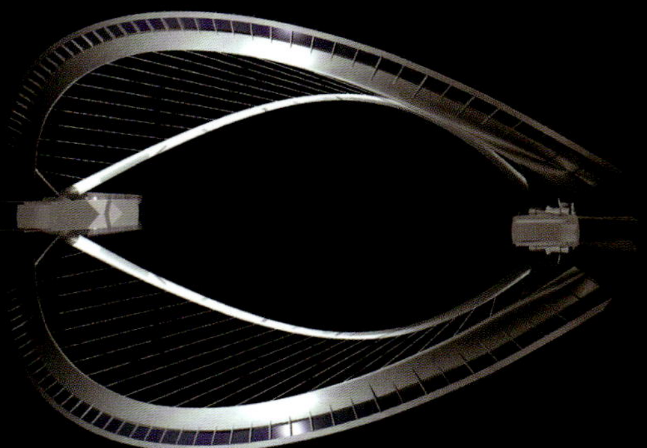

Die Brücke wurde sechs Meilen vom Fluss entfernt, auf dem Gelände des Unternehmens AMEC in Wallsend gebaut und dann in zwei Tagen mit dem größten schwimmenden Kran der Welt, dem „Asian Hercules II", bei Flut an den Standort gebracht.

Obwohl die Brücke so geplant wurde, dass sie dem Aufprall eines 4000-Tonnen-Schiffes bei 4 Knoten standhalten kann, hat man als zusätzliche Sicherheitsvorkehrung eine Reihe von Pfählen eingesetzt, die verhindern, dass die Schiffe sich den Endpunkten der Bögen nähern und sie zwingen, in der Mitte des Flusses zu bleiben.

Die optische Wirkung der Brücke wird durch eine computergesteuerte Beleuchtung noch hervorgehoben. Sie wechselt ständig die Farben und zaubert so märchenhafte Lichtreflexe auf die Wasseroberfläche.

Besonders effektvoll ist die originelle Art, in der die Brücke hochklappt. Dadurch hat sie ihren Spitznamen „blinking eye" – Zwinkerauge – bekommen.

170-171 ■ Dieses Modell wurde gebaut, um daran alle Positionen während des Öffnens der Brücke und ihre lichte Höhe zu erforschen.

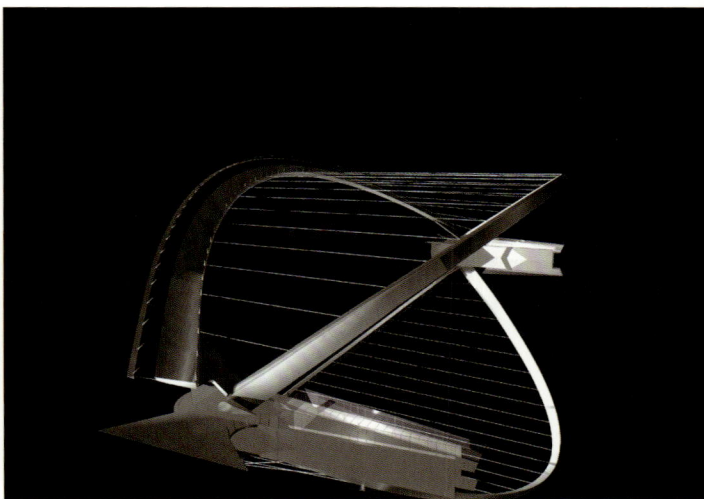

170 und 171 unten ■ In der Computersimulation konnte man mehrere Gestaltungsmöglichkeiten unter verschiedenen Aspekten analysieren, zum Beispiel das Spiegelbild im Wasser. Von der Seite kann die Brücke wie ein offenes oder geschlossenes Auge aussehen. Von einem Ende aus sieht man ein Netz aus Kurven und angedeuteten Linien.

172-173 ■ Der Stützbogen ist sehr dünn, er wirkt, als hätte man einen flachen, geraden Streifen gebogen.

172 links und unten und 173 unten ■ Die drei Abbildungen zeigen, wie verschieden die Brücke aus unterschiedlichen Positionen wirken kann. Man hat solche klaren Formen wie ein V, eine 8 und ein Herz erkannt.

GATESHEAD MILLENNIUM FOOTBRIDGE

174-175 ■ Ein computergesteuertes Beleuchtungssystem belebt mit Farbeffekten das nächtliche Bild der Brücke. Besonders effektvoll sind die Lichtreflexe auf dem Wasser.

ÖYVIND FAHLSTRÖM
PEDRO CABRITA REIS
OLAV CHRISTOPHER JENSSEN

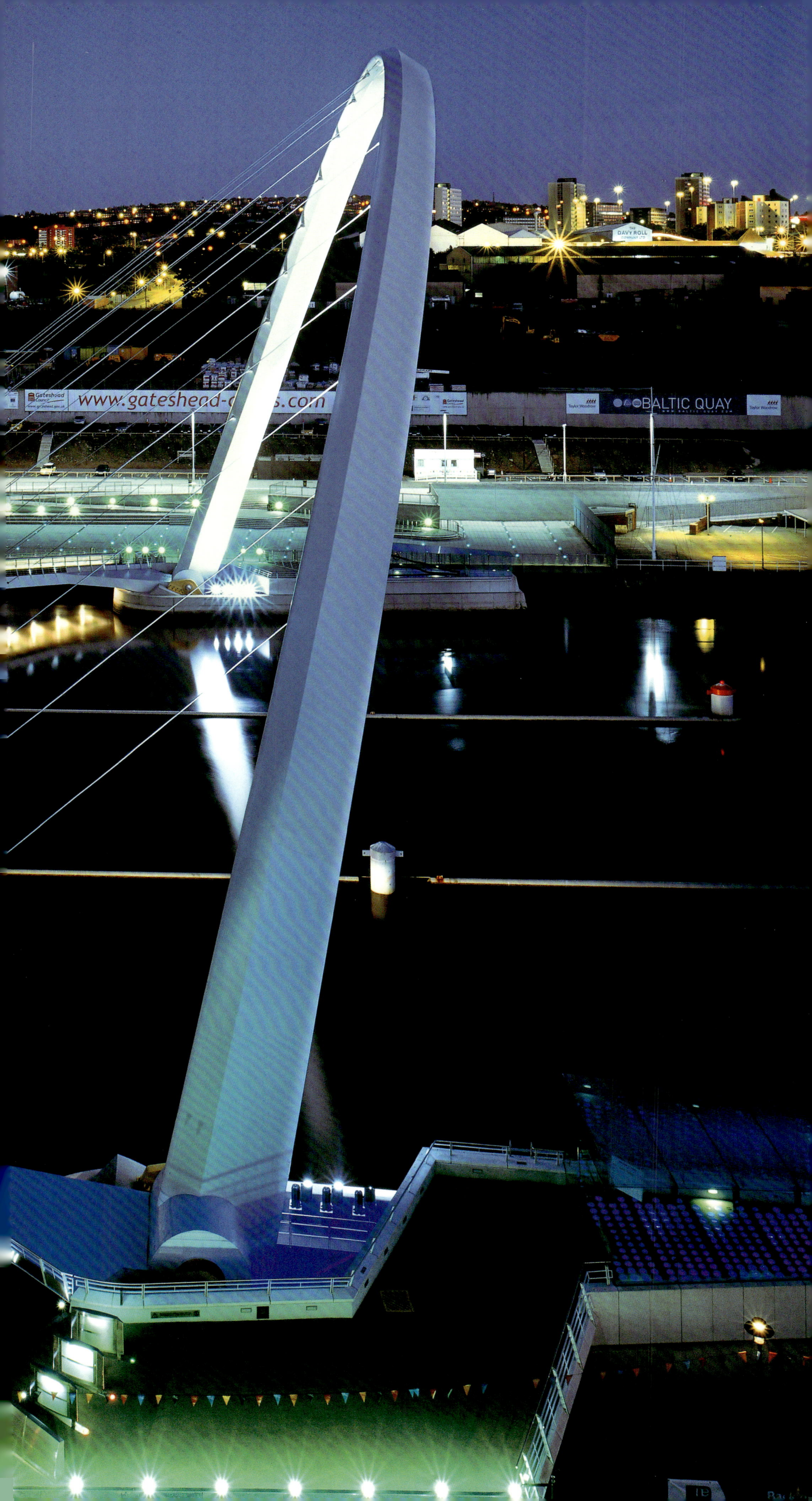
BALTIC QUAY

Fussgängerbrücke La Mujer

Puerto Madero, Buenos Aires (Argentinien)

Das Viertel Puerto Madero wurde in den letzten Jahren von der Corporatión Antiguo Puerto Madero S. A. fast völlig neu gebaut: Der Flächenplan entwarf ein neu strukturiertes Stadtviertel mit Büros, Freizeitangeboten, Grünflächen und guter Verkehrsanbindung. Bauunternehmer Alberto Gonzales förderte die Idee einer Fußgängerbrücke, die den „dique 3" des Hafens mit der Avenida Alicia Moreaude Justo, dem östlichen Geschäftsviertel der Stadt, verbinden sollte.

Im Jahr 2002 brachte der Bau der Fußgängerbrücke La Mujer die Lösung: eine 160 m lange Brücke aus zwei festen Abschnitten von 26 m und 34 m Länge und einem beweglichen Mittelteil, eine 100 m lange Schrägseilbrücke, ein Entwurf von Santiago Calatrava.

Damit Schiffe passieren können, kann der Mittelteil der Brücke im 90°-Winkel um einen 9,4 m hohen Betonpfeiler, in dem der Drehmechanismus untergebracht ist, gedreht werden. Die seitlichen Pfeiler, ebenfalls aus weißem Beton, sind zylindrisch geformt, auf ihrer Spitze erhebt sich eine Art Kapitell in Ellipsenform.

Das Brückendeck besteht aus einem Kastenträger aus Stahl, der durch Quer- und Längsstreben versteift wird.

176-177 und 177 unten ■ Der hohe, elegante, abgeschrägte Brückenturm dient als Stützträger, an dem das Hauptfeld mit Seilen verankert ist. Auf diese Weise konnte man die Querstreben verschlanken und hat das Ungleichgewicht der beiden Brückenabschnitte verringert, indem man die auf die Seitenlinie des Drehzapfens wirkende Kraft so gut wie möglich verringerte.

178 oben und 178-179 ■ An den dreidimensionalen Modellen in diesen vier Abbildungen kann man die unterschiedlichen Brückenpositionen aus mehreren Perspektiven betrachten. So konnte man den Drehmechanismus der Brücke und die Wirkung der sich im Wasser spiegelnden Brücke beobachten.

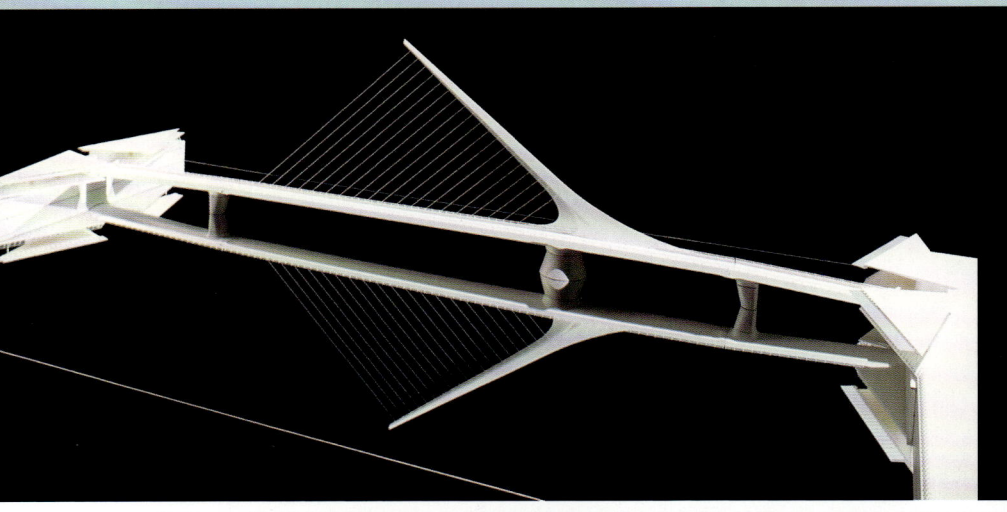

Standort	Entwurf	Länge – Mittelbogen-Spannweite	Typ	Bauzeit
Buenos Aires (Argentinien)	Santiago Calatrava	160 m / 70 m	Schrägseil-Brücke	2002

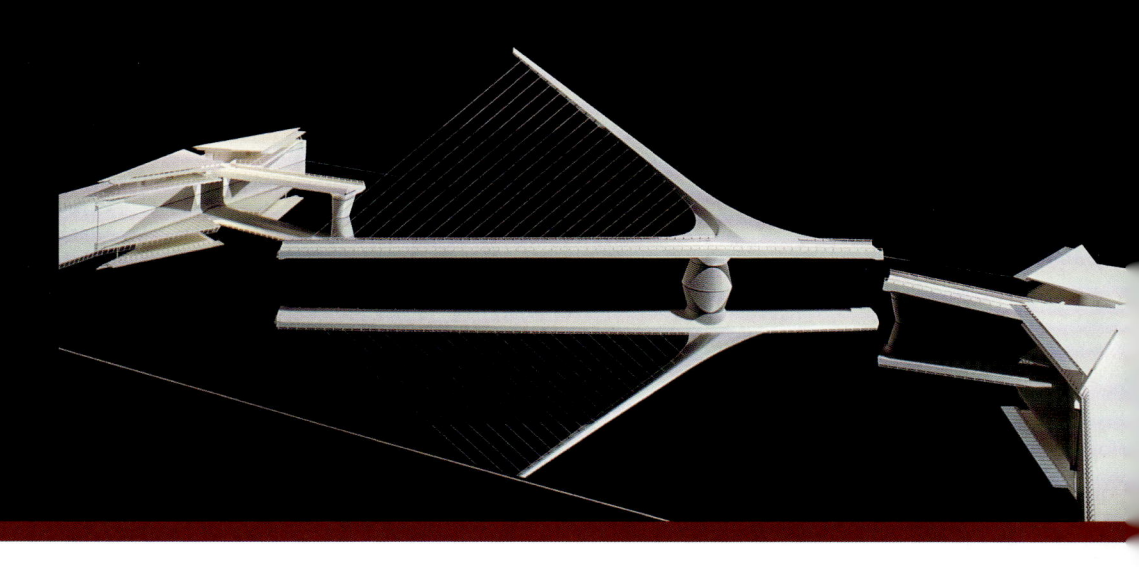

LA MUJER

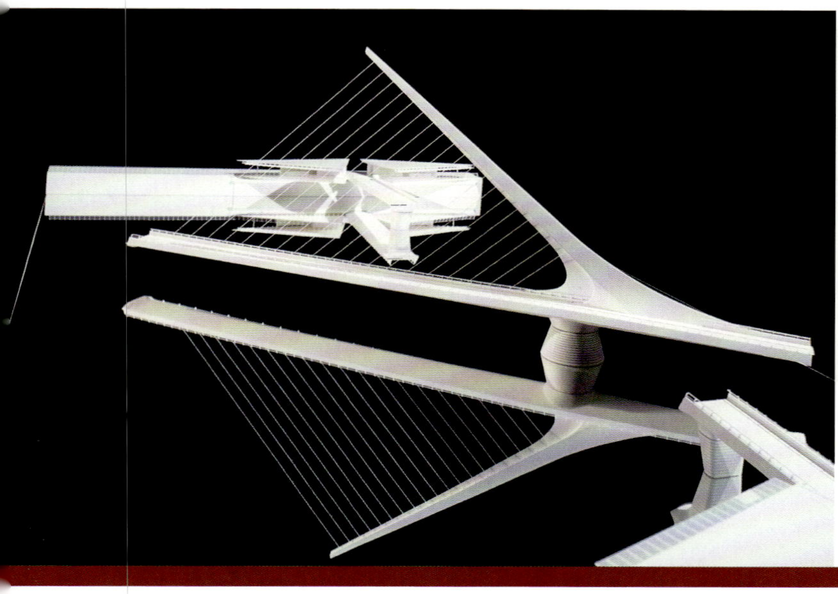

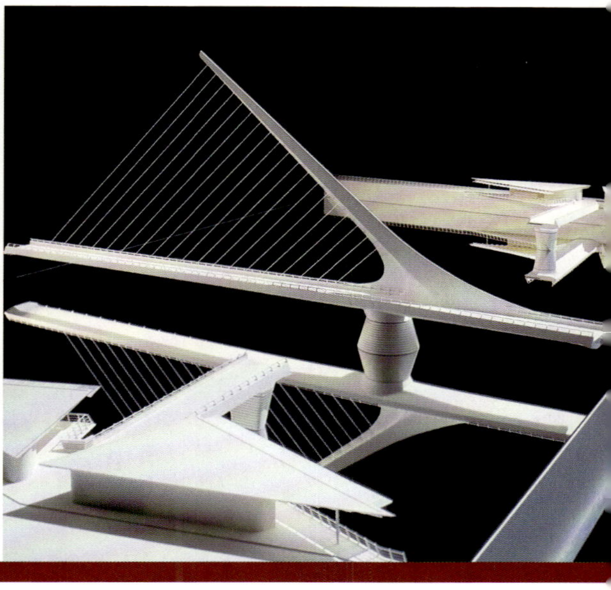

178 unten und 179 oben ■ Die aufeinander folgenden Positionen der Brücke, während sie sich öffnet, hat man in vielen eindrucksvollen Bildern gezeigt, so auch mit diesen beiden Aufnahmen: Ein Bild zeigt Porto Madera, den alten Hafen von Buenos Aires, so wie er heute aussieht – durch den Bau neuer Hochhäuser komplett verändert, in denen das Hilton, Banken, das neue Marinemuseum und Gärten untergebracht sind, die in respektvoller Entfernung von den Gebäuden am Flussufer stehen.

Der Stahlpfeiler ist – konstruktionstechnisch und optisch – der wichtigste Teil der Brücke. Er erhebt sich 35 m über dem Mittelpfeiler, dem Drehpunkt, und ist in einem Winkel von 38,81° angeschrägt. Während sich die Brücke öffnet, dreht sich der Pfeiler mit dem Brückendeck. So weist er nach Westen, wenn die Brücke geschlossen ist, und nach Süden, wenn sie sich öffnet. Der Pfeiler besteht aus einer Kombination von Teilen verschiedener Stärke, die innen versteift sind. Ihre Eleganz verdankt die Brücke ihrer Form und den durchdachten Variationen dieser Form.

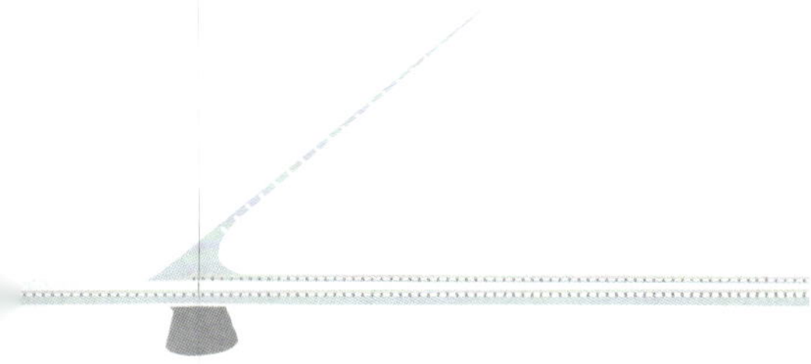

LA MUJER

Register

B = Bildunterschrift

A
Akashi-Kaikyo-Brücke 116, 116B, 117, 118, 119, 119B, 129
Akashi, Meerenge von 116, 118
Alboregas, Fluss 102
Alby, Amédée 62, 64B
Alcàntara-Brücke 18, 18B, 19
Alexander III., Zar 63
Allegheny-Kanal 40
Allonzier-La Caille 30
Amman 97
Amman, Othmar Herrmann 97, 99B
Anglesey, Isle of 28, 28B, 29, 34
Anji-Brücke 18B, 19
Annecy 31B
Aosta 18
Apure, Fluss 92
Arade, Brücke über den 145
Arenas de Pablo, Juan J. 105, 107B
Arno, Fluss 20
Augustus, Kaiser 16
Avignon 19, 19B
Awaji, Insel 116, 118

B
Bajo Grande, Hafen von 93B
Baker, Benjamin 57, 58, 58B
Baltic 166, 167
Barqueta-Brücke 104B, 105
Belin, E. 31
Berkel, Ben van 141, 143B
Berlin 40
Bern 72
Bernini, Gian Lorenzo 18
Berthier, Ch. 31
Bertin, E. 31
Betacourt, Romulo 92
Blakfriars Bridge 163
Bonnardet e Blanc, Firma 31
Bradfield, John Job Crew 74, 76, 77B
Bristol 32
Britannia Bridge 34, 34B
British South Africa Company 70
Brooklyn Bridge 10B, 25B, 26B, 32, 39, 39B, 42B, 45, 84
Brooklyn 39, 41B, 42B 97
Brown, Samuel 29
Budapest 32, 32B, 33
Buenos Aires 176, 178B, 179B
Bureau des Dessinateurs 26

C
Calatrava, Santiago 102, 103B, 178B
Cantal 48, 49B
Caro, Sir Anthony 163, 164
Cassiet, Bernard 62
Castel Sant'Angelo (Engelsburg) 18
Champs-Elisées 64
Charles Albert von Savoyen 30
Chicago 36
Cincinnati 40, 42
Cité-Insel 20
Clarke, R. 84B
Coalbrookdale 26
Constantin, Kaiser 16
Cornwall 16, 53
Corporation Antiguo Puerto Madero S. A. 176
Corps des Ponts et Chaussées 26
Coulant, Jules 64
Cousin, Gaston 62
Cruselles 30

D
Dawes Point 74
Dianatempel 102
Donau, Fluss 32, 33B
Dongguan 124
Döring, Anselm 90
Dorman Long & Co. 74
Douro, Fluss 48
Doyelle, François 109B
Druckluftcaissons 37
Dublin 28
Dungan, C. 84

E
Eads Bridge 25B, 36, 37
Eads, James Buchanan 36, 36B, 37
East River 39, 39B, 42B
Ebro, Fluss 136
Ecole de Marine 26
Ecole des Mines 26
Ecole des Ponts et Chaussées 26
Ecole Polytechnique 10, 26
Edinburgh 57, 58B
Eiffel, Alexandre-Gustave 48, 48B, 49B
Eiffelturm 48, 48B
Emerita Augusta 102
Engelsbrücke 13B, 14B, 16, 16B
Erasmus (von Rotterdam) 140B
Erasmus-Brücke 140, 143
Espalion 19
Estaing 19
Estremadura 102

F
Fairbarn, William 34, 35, 35B
Feuerthalen 97
Filtrannan-Kanal 133
Firth of Forth 57, 57B
Florenz 20, 20B
Forth Rail Bridge 25B, 58
Foster, Lord Norman Robert 163, 164, 164B
Fowler, John 57, 58B
Franz Joseph von Habsburg, Kaiser 158
Freeman, John R. 70B, 71, 74, 77B
Freiheitsstatue 48B, 76
Frémiet, Emmanuel 64
Fremont, John C. 83
Freyssinet, Eugène 90
Fünen, Insel 126, 126B, 127, 128B, 129B
Fußgängerbrücke Kiel-Hörn 153, 154, 155

G
Gaddi, Taddeo 20
Garabit-Viadukt 48, 48B, 49
Gateshead Millenium Bridge 149B, 166, 167
Gateshead 166, 169B
Gateway Arch 37B
Genf 72
George Washington Bridge 99
Gerber, Enrico 57
Giang-Tung-Giao-Brücke 16
Gifford & Partners, Büro 167, 168B
Giotto 20
Girard, Brice 109B
Golden Gate Bridge 10B, 67B, 68, 83, 83B, 84, 99
Gonzales, Alberto 176
Granet, Pierre 64
Graubünden 72, 72B
Greenwich 116
Guadalquivir 105
Guardiana, Fluss 102
Guayana 92

REGISTER

H
Hadrian, Kaiser 16
Hadriansbrücke 16
Hakata-Oshima-Brücke 117
Harbour Bridge 67B, 74, 74B
Hartman Bridge 10B
Harvey, Bill 100B, 101
Heinrich IV. 20
Hennebique, François 68, 72
Hilton, Hotel 179B
Hitsuishjima-Seto-Brücke 116B, 117
Hochsavoyen 30, 31B
Holyhead, Hafen von 28
Honfleur 108
Hongkong 122B, 123, 124B, 125
Honshu 116, 117B, 118
Honshu-Shikoku Bridge Authority 118B, 120B
Houston 10B
Humber Bridge 101, 118
Humber, Fluss 101
Hylan, John F. 97

I
Ikuchi-Brücke 117
Ikuchijma, Insel 120
Imbault, George Camille 71
Innoshima-Brücke 116, 117
Invalidendom 64, 64B
Isla Magica, Themenpark 104B, 105
Istanbul 83
Iwakurojima-Seto-Brücke 116B, 117

J
Jones, Sir Horace 51, 53, 53B

K
Kairo 80
Kap Shui-Schrägseilbrücke 122B, 123
Kapstadt 70
Karl V. 19
Keystone Bridge Company 36
Kiel, Hafen von 153, 154
Kingston/Hull 100B, 101
Kita-Bisan-Seto-Brücke 117, 117B
Könen, Gerd 90
Königliche Technische Hochschule 40
Kopenhagen 133, 133B, 135B
Kowloon, Insel 123
Kurushima-Kaikyo-Brücke 116B, 117
Kurushima-Meerenge 117

L
La Cartuja, Insel 104B, 105
Lantau, Insel 122B, 123
Lavigne, Charles 109B
Le Corbusier (Charles-Edouard Jeanneret) 13
Le Havre 10B, 108, 109B, 112
Lehaître, F. P. 31, 31B
Lenoir, Alfred 64
Leon, Pilin 93B
Lérez, Fluss 136, 139B
Li Chun 19
Lissabon 145, 147B
London Bridge 51
London 10B, 28, 32, 51, 51B, 53B, 163, 164B
Louvre 20
Lusitania-Brücke 102, 103, 103B
Lys, Fluss 18

M
Ma Wan, Insel 123
Madrid 136
Maillart, Robert 72, 72B, 73, 73B
Malmö 133, 133B

Manhattan Bridge 42B
Manhattan 39, 39B, 40, 42B, 97B
Maracaibo 92, 92B, 93
Maracaibo-Brücke 92
Marg, Vilkwin 154B
Marinemuseum 179B
Marqueste, Laurant 64
Marstempel 102
Mausoleum der Julier 102
Mausoleum der Voconier 102
Maxentius, Kaiser 16
Menai, Meerenge von 28B, 34
Menai Suspension Bridge 28B
Mérida 102, 103B
Mérida, Brücke von 18
Mézière 26
Michel, Gustave 64
Middlesbrough 74
Millenium Bridge 149B, 150B, 163, 164
Mimram, Marc 158, 160, 161B
Minami Bisan-Seto Bridge 117
Mississippi, Fluss 36
Missouri, Fluss 36
Monier, Joseph 68, 72
Monkwearmount 26
Morandi, Riccardo 92, 92B, 93
Morrow, Irving F. 83, 84B
Mosi-oa-Tunya, Nationalpark 70
Mott MacDonald andYee Associates 124B
Mujer, de la (Fußgängerbrücke) 150B, 176
Musée d'Orsay 158

N
Napoleon III. 158
Naruto, Meerenge 116
Neue Maas (Neuwe Maas) 140B, 141
Neuvial, Viadukt von 49
New York Bridge Company 39
New York 10B, 39, 40, 76, 97, 97B, 99
New York, Universität 97
Newa, Fluss 64, 64B
Newcastle 166, 168B, 169B
Nikolaus II., Zar 63
Notre Dame 159B

O
Oficina de Proyectos Carlos Fernandez Casado S. A. 136
Ohnaruto-Brücke 116, 116B
Omishima-Brücke 116B, 117
Omishima, Insel 120
Øresund 133
Øresund, Meerenge 134B
Øresund-Brücke 133
Orinoko, Fluss 92
Ostbrücke (Großer Belt) 118, 129
Otho, Kaiser 16
Ove Arup & Partners 163, 164B

P
Paine, C. E. 84B
Palladio, Andrea 16
Pantaleon, Marcos J. 105, 107B
Paris 13B, 20, 20B, 26, 48, 62, 64, 158, 161B
Parramatta, Fluss 74, 74B
Pazifik (Pazifischer Ozean) 83
Peberholm, Insel 135B
Peking 19
Penmon 35
Pennsylvania Military Academy 97
Perronet, Jean-Rodolphe 26
Pittsburgh 40
Pons Milvius 16
Pont Alexandre III 26B, 62, 63, 63B

Register

Pont Caquot 31
Pont Charles-Albert 30
Pont d' Annecy 30
Pont d' Avignon, 19
Pont de la Caille 30, 31B
Pont de Normandie 10B, 108, 110, 120
Pont des Invalides 62
Pont Neuf 13B, 20, 20
Pont Royal 159B
Pont Saint Bénezet 19, 19B
Pont Saint-Martin 18, 18B
Pont Solferino 158
Pont vieux sur le Lot 19
Ponte, Antonio da 20
Ponte di Rialto 13B, 20, 20B
Ponte Elio, siehe Hadriansbrücke
Ponte Sant'Angelo, siehe Engelsbrücke
Ponte Vasco da Gama 90B, 145, 146
Ponte Vecchio 20, 20B
Pontevedra 136, 136B
Porta del Popolo 16
Portland 53
Porto 48
Post Bridge 16
Puente di Angostura, 92
Puente General Paez 92
Puente General Urdaneta 92
Puente La Barqueta, siehe Barqueta-Brücke
Puente Lérez 136, 137
Puerto Madero 176, 179B
Pümpin et Herzog, Büro 72

Q
Quebec 58
Queens Bridge 42B
Queensboro 42B

R
Résal, Jean 62, 64B
Rhodes, Cecil John 70
Rhone, Fluss 19
Rito, Armando 145
Ritter, Wilhelm 97
Roberts, Gilbert 100B, 101
Roebling Washington 42, 45
Roebling, John Augustus 39, 41B, 42
Rom 13B, 16
Roosevelt, Franklin Delano 83
Roth, Georg 134B
Rotterdam 140, 140B, 141, 143, 143B

S
Sage Gateshead 166
Saint German des Près, Abtei 20
Saint-Flour 48
Salginatal 72, 73
Salginatobel-Brücke 72, 73
Salvius Julianus 16
Sambesi, Fluss 70
San Francisco 83, 83B, 84B
San Francisco, Bucht von 83
San Francisco-Oakland Bridge 83
Sancho El Major-Brücke 136
Schiers 72
Schlaich, Jörg 154
Schuders 72
Seeland, Insel (Dänemark) 126B, 127, 128B, 129B
Seine, Fluss 20, 62, 63, 64, 108, 160, 160B
Septimius Severus, Kaiser 16
Seto-Binnenmeer 116, 117, 120, 121B
Seto-Ohashi-Brücke 117
Severn, Fluss 26
Sevilla 105, 107B
Shikoku 116, 117B

Shimotsui-Seto-Brücke 117, 117B
Shin-Onomichi-Brücke 117, 117B
Sidney 74, 74B, 77B
Simbabwe 70
Sioul, Viadukt von 49
Solferino (Fussgängerbrücke) 149B, 150B, 158
Southwark Bridge 163
Southwark 163
St. Lorenzstrom, Brücke über den 58
St. Louis 36, 36B, 37B
St. Paul's Cathedral 163, 164B
Staten Island 97B
Steiner, Clément 64
Stephenson, Robert 35, 35B
Storebœlt-Brücke 90B, 126, 126B, 127
Strass, Joseph B. 83, 84B
Sunderland 26
Sydney, Opernhaus 74B
Széchenyi-Brücke (Kettenbrücke) 32, 33, 33B

T
Tatara-Brücke 110, 117, 117B, 120, 121
Tate Modern Gallery 163, 164B
Tavanasa 73
Tay, Fluss 57, 57B
Tejo, Fluss 18, 145
Telford, Thomas 28, 29, 29B
Themse, Fluss 51, 51B, 163
Thierney Clark, William 32, 32B
Thomas, John 35
Tiber, Fluss 16, 18
Tiberiusbogen 102
Tower Bridge 10B, 26, 51, 51B, 54
Tower of London 51B
Trajan, Kaiser 18, 19
Troyano, Carlos 136
Troyano, Leonardo Fernandez 136, 136B, 139B
Truyère, Fluss 48
Tsing-Ma-Brücke 122B, 123, 125
Tsing Yi, Insel 123
Tuilerien 158, 159B, 160, 160B
Tutela 136
Tyne, Fluss 166, 167, 168B

U
Ussels, Fluss 30, 31B

V
Venedig 13B, 20, 20B
Verrazano, Giovanni 99
Verrazano-Enge 97, 99B
Verrazano Narrows Bridge 90B, 97, 97B, 99
Victoria Falls Bridge 67B, 70
Victoriafälle 70, 70B, 71, 71B
Virlogeux, Michel 109B, 145, 147B
Vitellius, Kaiser 16

W
Wallsend 171
Watanabe, Kaichi 58
Wear, Fluss 26
Wilkinson Eyre, Büro 167, 168B
Williamsburg Bridge 42B
Wilson Point 74
Wolfe-Barry, Sir John 51, 53, 53B, 54

X
Xiao, Fluss 19

Z
Zhaozhou 18B
Zug 73
Zulia 92
Zürich 72, 97, 102

FOTONACHWEIS

S. 1 Jean Gaumy/Magnum Photos/Contrasto
S. 2-3 Jon Hicks/Corbis/Contrasto
S. 4-5 Bassignac Gilles/Gamma/Contrasto
S. 6-7 Hulton-Deutsch Collection/Corbis/Contrasto
S. 9 u. S. 67 Mitte Alamy Images
S. 11 Antonio Attini/Archivio White Star
S. 14 links Livio Bourbon/Archivio White Star
S. 14 rechts Marcello Bertinetti/Archivio White Star
S. 14-15 Marcello Bertinetti/Archivio White Star
S. 16 links Giulio Veggi/Archivio White Star
S. 16 rechts Marcello Bertinetti/Archivio White Star
S. 17 Tommaso Bonaventura/Contrasto
S. 18 links Panorama Stock
S. 18 Mitte Antonio Attini/Archivio White Star
S. 18 rechts Andrea Jemolo/Corbis/Contrasto
S. 19 Antonio Attini/Archivio White Star
S. 20 links Marcello Bertinetti/Archivio White Star
S. 20 rechts Marcello Bertinetti/Archivio White Star
S. 21 Livio Bourbon/Archivio White Star
S. 22-23 Alamy Images
S. 25 links u. S. 60-61 oben Colin Garratt; Milepost 92 1/2/Corbis/Contrasto
S. 25 Mitte u. S. 36-37 Kelly-Mooney Photography/Corbis/Contrasto
S. 25 rechts u. S. 44 Adam WoolFitt/Corbis/Contrasto
S. 26 links u. S. 54-55 Marcello Bertinetti/Archivio White Star
S. 26 Mitte u. S. 32-33 Carmen Redondo/Corbis/Contrasto
S. 26 rechts u. S. 64 Raphael Gaillarde/Gamma/Contrasto
S. 28-29 Jason Hawkes/Corbis/Contrasto
S. 29 oben Hulton-Deutsch Collection/Corbis/Contrasto
S. 29 unten Topham Picturepoint/ICP
S. 30-31 Alain Gaymard
S. 31 Jacques Mossot
S. 32 Marcello Bertinetti/Archivio White Star
S. 33 Barry Lewis/Corbis/Contrasto
S. 34 links Archivio Scala
S. 34 rechts Warren Kovach
S. 35 oben links Hulton Archive/Laura Ronchi
S. 35 oben rechts Hulton Archive/Laura Ronchi
S. 35 unten Warren Kovach
S. 36 Corbis/Contrasto
S. 37 Antonio Attini/Archivio White Star
S. 38 Antonio Attini/Archivio White Star
S. 39 Alamy Images
S. 40 oben Corbis/Contrasto
S. 40 unten Corbis/Contrasto
S. 40-41 Hulton Archive/Laura Ronchi
S. 41 Corbis/Contrasto
S. 42-43 Antonio Attini/Archivio White Star
S. 43 Ron Watts/Corbis/Contrasto
S. 44-45 Kelly-Mooney Photography/Corbis/Contrasto

S. 46-47 Setboun/Corbis/Contrasto
S. 48-49 Arthur Thévenart/Corbis/Contrasto
S. 49 oben Science Photo Library/Grazia Neri
S. 49 unten Corbis/Contrasto
S. 50 Marcello Bertinetti/Archivio White Star
S. 51 Marcello Bertinetti/Archivio White Star
S. 52 Hulton Archive/Laura Ronchi
S. 52-53 Hulton Archive/Laura Ronchi
S. 53 oben Hulton Archive/Laura Ronchi
S. 53 unten Archivio Scala
S. 54 Marcello Bertinetti/Archivio White Star
S. 54-55 Marcello Bertinetti/Archivio White Star
S. 55 links Marcello Bertinetti/Archivio White Star
S. 55 rechts Angelo Hornak/Corbis/Contrasto
S. 56 Colin Garratt; Milepost 92 1·2/Corbis/Contrasto
S. 57 Jason Hawkes
S. 58 oben Alamy Images
S. 58 unten Hulton Archive/Laura Ronchi
S. 58-59 Hulton Archive/Laura Ronchi
S. 59 unten Hulton Archive/Laura Ronchi
S. 60-61 unten Grant Smith/Corbis/Contrasto
S. 62-63 Setboun/Corbis/Contrasto
S. 64-65 Robert Holmes/Corbis/Contrasto
S. 65 Hartmut Krinitz/Hemisphere
S. 67 links u. S. 80-81 Giulio Veggi/Archivio White Star
S. 67 rechts u. S. 70-71 Brian A. Vikander/Corbis/Contrasto
S. 68 links u. S. 88 unten Morton Beebe/Corbis/Contrasto
S. 68 rechts mit Freundl. Genehm. v. Angia Sassi Perino
S. 70 Alamy Images
S. 72 Earthquake Engineering Library, University of California, Berkeley
S. 72-73 Earthquake Engineering Library, University of California, Berkeley
S. 74-75 Australian Picture Library
S. 76 Australian Picture Library
S. 76-77 Australian Picture Library
S. 77 oben Hulton Archive/Laura Ronchi
S. 77 unten Australian Picture Library
S. 78 oben Glenn Beanland/LPI
S. 78 unten Australian Picture Library
S. 78-79 Australian Picture Library
S. 82 Marcello Bertinetti/Archivio White Star
S. 83 Antonio Attini/Archivio White Star
S. 84 Underwood & Underwood/Corbis/Contrasto
S. 84-85 Bettmann/Corbis/Contrasto
S. 85 Bettmann/Corbis/Contrasto
S. 86 Marcello Bertinetti/Archivio White Star
S. 86-87 Roger Ressmeyer/Corbis/Contrasto
S. 87 Marcello Bertinetti/Archivio White Star
S. 88 oben Macduff Everton/Corbis/Contrasto

S. 88-89 Amos Nachoum/Corbis/Contrasto
S. 90 links u. S. 98-99 Will & Deni McIntyre/Corbis/Contrasto
S. 90 Mitte u. S. 147 Alamy Images
S. 90 rechts u. S. 130-131 Gamma/Contrasto
S. 92 AFP/De Bellis
S. 92-93 Yann Arthus-Bertrand/Corbis/Contrasto
S. 94-95 Yann Arthus-Bertrand/Corbis/Contrasto
S. 96 Falke/laiF/Contrasto
S. 97 Karl Lang
S. 98 Peter J. Eckel/Time Life Pictures/Getty Images/Laura Ronchi
S. 99 Bettmann/Corbis/Contrasto
S. 100 Jason Hawkes
S. 101 Alamy Images
S. 102 mit Freundl. Genehm. von Santiago Calatrava S.A
S. 102-103 mit Freundl. Genehm. von Santiago Calatrava S.A
S. 103 oben mit Freundl. Genehm. von Santiago Calatrava S.A
S. 103 mit Freundl. Genehm. von Santiago Calatrava S.A
S. 104 Benoit Decout/REA/Contrasto
S. 104-105 Peter M. Wilson/Corbis/Contrasto
S. 105 mit Freundl. Genehm. von Arenas & Asociados
S. 106 oben mit Freundl. Genehm. von Arenas & Asociados
S. 106 unten mit Freundl. Genehm. von Arenas & Asociados
S. 106-107 Benoit Decout/REA/Contrasto
S. 107 mit Freundl. Genehm. von Arenas & Asociados
S. 108-109 Jean Gaumy/Magnum Photos/Contrasto
S. 110 oben Bertrand Rieger/Hemisphere
S. 110 unten Grant Smith/Corbis/Contrasto
S. 111 Jean Gaumy/Magnum Photos/Contrasto
S. 112-113 Bassignac Gilles/Gamma/Contrasto
S. 113 oben Jean Gaumy/Magnum Photos/Contrasto
S. 113 unten Jean Gaumy/Magnum Photos/Contrasto
S. 114-115 Bassignac Gilles/Gamma/Contrasto
S. 115 Jean Gaumy/Magnum Photos/Contrasto
S. 116 oben links mit Freundl. Genehm. von Honshu Shikoku Bridge Autority
S. 116 oben rechts Kurita Kaku/Gamma/Contrasto
S. 116 Mitte links mit Freundl. Genehm. von Honshu Shikoku Bridge Autority
S. 116 Mitte rechts mit Freundl. Genehm. von Honshu Shikoku Bridge Autority
S. 116 unten links mit Freundl. Genehm. von Honshu Shikoku Bridge Autority
S. 116 unten rechts mit Freundl. Genehm. von Honshu Shikoku Bridge Autority
S. 116-117 mit Freundl. Genehm. von Honshu Shikoku Bridge Autority
S. 117 oben links mit Freundl. Genehm. von Honshu Shikoku Bridge Autority

FOTONACHWEIS

S. 117 oben rechts mit freundl. Genehm. von Honshu Shikoku Bridge Autority
S. 117 Mitte links mit freundl. Genehm. von Honshu Shikoku Bridge Autority
S. 117 Mitte rechts mit freundl. Genehm. von Honshu Shikoku Bridge Autority
S. 117 unten Angelo Colombo/Archivio White Star
S. 118 mit freundl. Genehm. von Honshu Shikoku Bridge Autority
S. 118-119 Kyodo News
S. 120 rechts mit freundl. Genehm. von Honshu Shikoku Bridge Autority
S. 120 links Kyodo News
S. 121 mit freundl. Genehm. von Honshu Shikoku Bridge Autority
S. 122 Yang Liu/Corbis/Contrasto
S. 112-123 Michael S. Yamashita/Corbis/Contrasto
S. 123 Michael S. Yamashita/Corbis/Contrasto
S. 124 Michael S. Yamashita/Corbis/Contrasto
S. 124-125 Michael S. Yamashita/Corbis/Contrasto
S. 125 oben Derek M. Allan; Travel Ink/Corbis/Contrasto
S. 125 unten mit freundl. Genehm. von Gleitbau Ges.m.b.H
S. 126-127 oben Hornbak Teit/Corbis Sygma/Contrasto
S. 126-127 unten Amet Jean Pierre/Corbis Sygma/Contrasto
S. 128 oben links Amet Jean Pierre/Corbis Sygma/Contrasto
S. 128 unten links Xavier Rossi/Gamma/Contrasto
S. 128 rechts mit freundl. Genehm. von Dissing+Weitling
S. 129 links mit freundl. Genehm. von Dissing+Weitling
S. 129 rechts Xavier Rossi/Gamma/Contrasto
S. 130-131 Xavier Rossi/Gamma/Contrasto
S. 131 Karl Lang
S. 132 mit freundl. Genehm. von Øresundsbro Konsortiet
S. 133 mit freundl. Genehm. von Øresundsbro Konsortiet
S. 134 oben mit freundl. Genehm. von Øresunsbro Konsortiet
S. 134 unten mit freundl. Genehm. von Øresundsbro Konsortiet
S. 134-135 mit freundl. Genehm. von Øresundsbro Konsortiet
S. 135 rechts mit freundl. Genehm. von Øresundsbro Konsortiet
S. 135 Mitte mit freundl. Genehm. von Øresundsbro Konsortiet
S. 135 unten mit freundl. Genehm. von Øresundsbro Konsortiet

S. 136 mit freundl. Genehm. von Studio Carlos Fernandez Casado
S. 136-137 mit freundl. Genehm. von Studio Carlos Fernandez Casado
S. 138 oben links mit freundl. Genehm. von Studio Carlos Fernandez Casado
S. 138 oben rechts mit freundl. Genehm. von Studio Carlos Fernandez Casado
S. 138 unten mit freundl. Genehm. von Studio Carlos Fernandez Casado
S. 139 oben mit freundl. Genehm. von Studio Carlos Fernandez Casado
S. 139 Mitte mit freundl. Genehm. von Studio Carlos Fernandez Casado
S. 139 unten mit freundl. Genehm. von Studio Carlos Fernandez Casado
S. 140 oben Alamy Images
S. 140 unten Karl Lang
S. 140-141 Alamy Images
S. 142 Karl Lang
S. 143 oben Annebicque Bernard/Corbis Sygma/Contrasto
S. 143 unten Karl Lang
S. 144 Benoit Decout/REA/Contrasto
S. 144-145 Alamy Images
S. 145 Benoit Decout/REA/Contrasto
S. 146 oben Marta Nascimento/REA/Contrasto
S. 146 unten Bassignac Gilles/Gamma/Contrasto
S. 147 Alamy Images
S. 149 links u. S. 165 Peter Cook/VIEW
S. 149 Mitte u. S. 158-159 Cyril Delettre/REA/Contrasto
S. 149 rechts u. S. 172-173 Alamy Images
S. 150 links u. S. 162 Alamy Images
S. 150 Mitte u. S. 161 Mitte Marc Mimram Ingenierie S.A.
S. 152 oben mit freundl. Genehm. von Von Gerkan, Marg und Partner
S. 152 unten mit freundl. Genehm. von Von Gerkan, Marg und Partner
S. 152-153 mit freundl. Genehm. von Von Gerkan, Marg und Partner
S. 154 oben mit freundl. Genehm. von Von Gerkan, Marg und Partner
S. 154 unten mit freundl. Genehm. von Von Gerkan, Marg und Partner
S. 154-155 mit freundl. Genehm. von Von Gerkan, Marg und Partner
S. 155 oben mit freundl. Genehm. von Von Gerkan, Marg und Partner
S. 115 unten mit freundl. Genehm. von Von Gerkan, Marg und Partner
S. 156 oben mit freundl. Genehm. von Von Gerkan, Marg und Partner
S. 156 unten mit freundl. Genehm. von Von Gerkan, Marg und Partner

S. 156-157 mit freundl. Genehm. von Von Gerkan, Marg und Partner
S. 157 mit freundl. Genehm. von Von Gerkan, Marg und Partner
S. 158 Cyril Delettre/REA/Contrasto
S. 159 mit freundl. Genehm. von Marc Mimram Ingenierie S.A.
S. 160-161 mit freundl. Genehm. von Marc Mimram Ingenierie S.A.
S. 161 oben Roger Viollet/Alinari
S. 161 unten mit freundl. Genehm. von Marc Mimram Ingenierie S.A.
S. 162-163 Peter Cook/VIEW
S. 163 Alamy Images
S. 164 Dennis Gilbert/VIEW
S. 164-165 Dennis Gilbert/VIEW
S. 166 Graeme Peacock
S. 166-167 Graeme Peacock
S. 168 oben mit freundl. Genehm. von Wilkinson Eyre Architects Limited
S. 168 Mitte mit freundl. Genehm. von Wilkinson Eyre Architects Limited
S. 168 unten mit freundl. Genehm. von Wilkinson Eyre Architects Limited
S. 169 oben mit freundl. Genehm. von Wilkinson Eyre Architects Limited
S. 169 unten mit freundl. Genehm. von Wilkinson Eyre Architects Limited
S. 170-171 oben Andrew Putler
S. 170-171 unten mit freundl. Genehm. von Wilkinson Eyre Architects Limited
S. 172 oben Graeme Peacock
S. 172 unten Graeme Peacock
S. 172-173 Alamy Images
S. 173 Graeme Peacock
S. 174-175 Graeme Peacock
S. 176-177 PICIMPACT/Corbis/Contrasto
S. 177 mit freundl. Genehm. von Santiago Calatrava S.A
S. 178 oben mit freundl. Genehm. von Santiago Calatrava S.A
S. 178 Mitte mit freundl. Genehm. von Santiago Calatrava S.A
S. 178 unten mit freundl. Genehm. von Santiago Calatrava S.A
S. 179 oben mit freundl. Genehm. von Santiago Calatrava S.A
S. 179 unten links mit freundl. Genehm. von Santiago Calatrava S.A
S. 179 unten rechts mit freundl. Genehm. von Santiago Calatrava S.A

Alle Zeichnungen der Brücken: Angelo Colombo/Archivio White Star: S.: 3, 29, 31, 32, 36, 41, 49, 53, 55, 58, 61, 64, 70, 72, 77, 78, 84, 92, 99, 107, 109, 115, 118, 120, 124, 129, 131, 136, 143, 147, 154, 161, 164, 172, 179.

DANKSAGUNG

Der Verlag bedankt sich herzlich bei:
Santiago Calatrava S.A
Arenas & Asociados
Honshu Shikoku Bridge Autority
Gleitbau Ges.m.b.H.
Dissing+Weitling
Øresunsbro Konsortiet
Studio Carlos Fernandez Casado
Marc Mimram Ingenierie S.A.
Von Gerkan, Marg und Partner
Wilkinson Eyre Architects Limited